DANS LA COURSE

GROUPE BENETEAU

Loïc Madeline

Voiles et voiliers LIVRES

INTRODUCTION
LA COMPÉTITION LEVIER D'INNOVATIONS

Le spectaculaire développement du chantier BENETEAU dans la plaisance s'est appuyé dès la sortie du First 30 en 1977 sur une présence sportive particulièrement active, à tous les niveaux de la régate. Le mot First est très vite devenu synonyme de performance, sinon de victoire grâce à une volonté affirmée du chantier et à son implication très forte à tous les niveaux, depuis la conception et la construction, jusqu'à la présence de ses salariés à bord en régate.
Le développement particulièrement rapide d'une gamme dédiée à la performance a été impressionnant mais le chantier s'est aussi lancé dans la fabrication de prototypes high-tech dans un département dédié aux unités destinées à courir au plus haut niveau international.
Ces efforts et ces victoires racontent une histoire, celle d'un chantier qui n'a jamais cessé de se confronter aux meilleurs dans une recherche permanente d'efficacité. Le formidable succès du Groupe Beneteau s'explique certainement largement par cet amour de la compétition qui implique de pousser toujours plus loin la recherche et l'innovation. Un élan vital essentiel pour affronter les défis du futur.

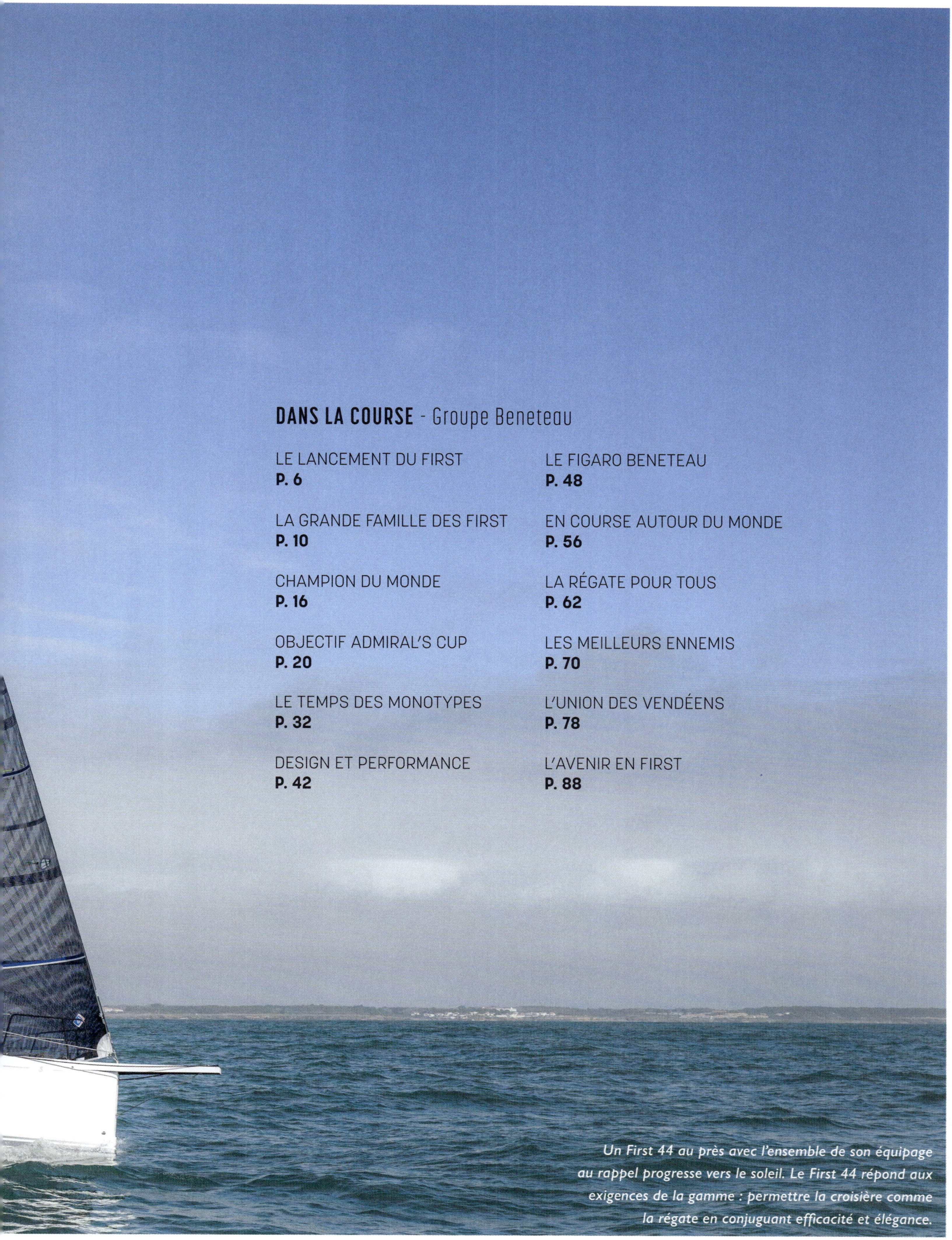

DANS LA COURSE - Groupe Beneteau

Un First 44 au près avec l'ensemble de son équipage au rappel progresse vers le soleil. Le First 44 répond aux exigences de la gamme : permettre la croisière comme la régate en conjuguant efficacité et élégance.

PETIT LEXIQUE NAUTIQUE

AILERON : Pièce verticale rapportée à la coque sur laquelle vient se fixer le safran. N'est plus en usage de nos jours où le safran est dit « suspendu » et n'est relié à la coque que par sa mèche.

ANTIFOULING : L'antifouling est un mot d'origine anglaise désignant une peinture anti-salissure qui empêche les organismes marins de se fixer à la coque. Faute d'antifouling, la partie sous-marine d'un bateau doit être très régulièrement nettoyée, sinon des algues et des coquillages finissent par s'y fixer.

BALLAST : Un ballast est un réservoir d'eau permettant de stabiliser le bateau. En remplissant ou en vidant un ballast, on peut ainsi modifier le poids et la puissance d'un voilier. Les ballasts sont surtout présents sur des voiliers de régate hauturiers menés en solitaire ou en double.

BANC DE RAPPEL : Au départ, un banc de rappel est une planche en bois permettant à l'équipage d'un petit bateau de s'asseoir à l'extérieur de la coque pour donner plus de puissance au bateau. À bord de l'admiraler *Corum Rubis*, construit par BENETEAU, le banc était à l'intérieur de l'habitacle pour permettre à l'équipage au repos de contribuer à l'équilibre du bateau en restant le plus au vent possible.

BARRE À ROUE : La barre à roue est une sorte de grand volant qui permet, grâce à un système de transmission composé de câbles, de cordages ou de chaînes, d'agir sur le safran, la pale immergée qui dirige le bateau.

BARRE DE FLÈCHE (ÉTAGE) : Pièces horizontales et aplaties qui servent à écarter les haubans (câbles qui tiennent les mâts) du mât pour renforcer la tenue de ce dernier.

BASTAQUES : Les bastaques sont des câbles qui assurent une meilleure tenue du gréement à certaines allures. À la différence des haubans, les bastaques ne sont pas fixes et doivent être réglées en fonction des allures du bateau.

BI-SAFRAN : Avec des bateaux de plus en plus larges, l'installation de deux safrans décalés latéralement assure un meilleur contrôle du bateau aux forts angles de gîte.

BORD DE PORTANT : Se dit d'une allure où le voilier reçoit le vent par l'arrière.

BOSSE DE RIS : La bosse de ris est un cordage qui permet de réduire la surface de la grand voile en la repliant le long de la bôme.

BOULON DE QUILLE : Sur les voiliers modernes, la quille est rapportée, elle vient se fixer sous la coque à l'aide de boulons. La bonne tenue de ces derniers est vitale pour le bateau et son équipage.

BOUT-DEHORS : Le bout-dehors est une pièce mobile ou fixe, à l'avant du bateau, qui permet d'établir de grandes voiles d'avant.

CADÈNE DE HAUBANS : Le point de fixation des haubans sur la coque se doit d'être particulièrement résistant et solidaire de la coque.

CARBONE : Matériau présent sous forme de fibre dans le composite des prototypes de course, mais aussi dans les espars, mât, bôme ou tangon. Le carbone offre une bien meilleure résistance à poids égal que la fibre de verre. C'est aussi un matériau beaucoup plus cher.

CARÈNE : La carène est la partie immergée de la coque, celle que l'on ne voit pas lorsque le bateau est dans l'eau.

COCKPIT : L'espace où évolue l'équipage en arrière de la cabine, on parle aussi de baignoire, car cet espace est plus bas que le pont.

CONSTRUCTION SOUS VIDE : Le vide est utilisé dans la réalisation de composites en infusion. Une grande bâche est ajustée autour de la pièce en fabrication et l'air est aspiré pour maintenir plaqués les différents éléments entre eux le temps que la résine se diffuse. On utilise aussi le vide pour réaliser des collages.

CUSTOM : Se dit d'une construction à l'unité. Parfois à partir d'un même plan et d'un même moule, le bateau est modifié selon les souhaits du chantier ou du propriétaire jusqu'à ne plus être un bateau de série.

ÉTRAVE : L'étrave est la partie située à l'avant de la coque. Dans la marine ancienne, on parlait de la proue.

FOIL : Un foil est un aileron avec un profil d'aile d'avion qui développe grâce à la vitesse du bateau une force orientée vers le haut, permettant de porter plus de toile et donc d'aller plus vite.

GRÉEMENT : Le gréement est l'ensemble des espars et des voiles qui permettent à un voilier de profiter du vent pour avancer. On distingue le gréement dormant (le mât et les haubans) qui est fixe du gréement courant (écoutes, drisses, voiles...) qui est mobile.

HAUTEUR SOUS BARROT : Les barrots étaient dans la construction navale traditionnelle des pièces de bois supportant le pont et le rouf. La hauteur sous barrot, prise entre le plancher et le pont ou le haut du rouf, est déterminante pour le confort d'un voilier.

HAUTURIER : Se dit d'une course qui se dispute au large, lorsque l'on ne voit plus la côte.

INFUSION SOUS VIDE : L'infusion est une technique de stratification dans laquelle les différents éléments du composite (fibre de verre, mousse ou balsa) sont mis en place avant d'être recouverts d'une bâche qui permet de faire le vide et de les compresser. Une fois le vide obtenu en aspirant l'air, on diffuse la résine. Cette technique permet d'optimiser le rapport fibre résine pour une meilleure solidité et rigidité.

JAUGE IOR : Les jauges servent à comparer les performances des bateaux entre eux. La jauge IOR (International Offshore Rule) a été la référence internationale pendant les années 1970 et 1980. Elle permettait de déterminer pour chaque voilier un rating en fonction de ses caractéristiques.

KEVLAR : Le kevlar est un aramide fibre très résistant à l'allongement utilisé notamment dans la fabrication de gilets pare-balles. On l'a employé dans la construction navale dans les années 1980, aussi bien pour renforcer des coques que pour fabriquer des voiles.

LEST (EN PLOMB) : Le lest est le poids que l'on place dans la quille ou dans les fonds du bateau pour le stabiliser. La fonte est le matériau le plus couramment utilisé sur les bateaux de série, mais le plomb qui a une meilleure densité est préféré par les régatiers, car pour un même poids il est moins volumineux.

LISTON : Le liston se trouve à la jonction de la coque et du pont. Il peut être marqué par un cale-pied rapporté ou moulé. Dans les années 1970 et 1980, un rail de fargue en aluminium coiffait le liston.

LOUVOYAGE : Le louvoyage décrit la course d'un bateau qui progresse en zig-zag contre le vent en lui présentant alternativement son flanc droit (tribord) et son flanc gauche (bâbord). On parle aussi de tirer des bords.

MEMBRURE : Dans la construction navale traditionnelle, les membrures étaient en bois et formaient le squelette sur lequel on venait fixer la peau extérieure du bateau, appelée le bordé. Dans les bateaux en composite, il existe encore des renforts, mais ceux-ci sont localisés à des endroits précis comme au niveau de la quille.

ONE TONNER : À l'époque où l'on utilisait la jauge IOR pour faire courir entre eux des bateaux très différents de forme, la One Ton Cup voyait s'affronter des One Tonner, voiliers d'environ 11 m.

PALIER (AUTO-ALIGNANT) : Les paliers maintiennent et permettent la rotation de la mèche du safran qui est actionnée par la barre.

PIED DE MÂT : Le pied de mât désigne aussi bien la base du mât que la zone du pont autour du mât où sont concentrées différentes pièces d'accastillage, comme des poulies pour renvoyer les cordages vers le cockpit.

PLAN DE PONT : Le plan de pont permet de visualiser l'organisation d'un pont, avec la position du barreur et des équipiers, mais surtout l'emplacement de tout l'accastillage de pont. Sur un voilier dédié à la croisière, un maximum de manœuvres revient à proximité du barreur, sur un voilier de course, les manœuvres sont réparties afin de permettre à un maximum de personnes de travailler en même temps.

PORTANT : Se dit des allures où le vent vient plutôt de l'arrière du bateau. C'est au portant que l'on peut déployer de grandes voiles d'avant comme le spinnaker.

QUILLE BASCULANTE : Présente sur les voiliers qui disputent le Vendée Globe, la quille basculante permet de déplacer latéralement, vers le vent, le poids du lest, généralement un bulbe en plomb pour augmenter la puissance du bateau.

QUILLE PIVOTANTE : La quille pivotante permet de limiter le tirant d'eau pour approcher une plage ou rentrer dans un abri, mais la quille doit être en position basse pour une navigation sous voiles.

RÉGULATEUR D'ALLURE : Avant l'arrivée des pilotes automatiques électroniques, les solitaires confiaient la barre à un appareil complexe baptisé régulateur d'allure. Il était composé d'un « aérien », une grande pale que l'on orientait dans l'axe du vent et d'une pale immergée. Quand la pression du vent agissait sur l'aérien, celui-ci donnait de l'angle à la pale immergée et le mouvement de cette dernière agissait sur la barre pour corriger la trajectoire du bateau.

RETOUR DES DRISSES : Les drisses sont les cordages qui servent à hisser les voiles. En passant depuis le pied du mât par une ou plusieurs poulies, elles peuvent être manœuvrées depuis le cockpit.

ROUF : Le rouf (de l'anglais *roof*, toit) est le nom donné à la superstructure généralement garnie de hublots qui dépasse sur le pont. Les roufs donnent de la hauteur au volume intérieur et aussi de la lumière, ils peuvent être longs, courts, en sifflets ou panoramiques.

SAFRAN : Le safran est la partie mobile et immergée du gouvernail, une pale profonde dont l'orientation commandée par la barre permet de diriger le bateau.

SANDWICH (CONSTRUCTION) : Dans la construction navale, on distingue le stratifié monolithique (résine plus fibre de verre) et le sandwich dans lequel une âme en mousse ou en balsa est solidaire de deux plaques de monolithique. À poids égal, le sandwich est plus rigide, il est aussi plus sensible au poinçonnement.

SPI ASYMÉTRIQUE : Le spi est la grande voile généralement de couleur qui est hissée sur les bords de portant. Un spi symétrique nécessite l'emploi d'un tangon, un espar mobile fixé sur le mât. Un spi asymétrique est amarré sur l'avant du bateau, le plus souvent sur un bout-dehors qui permet d'écarter la voile de l'étrave.

TABLEAU ARRIÈRE : La coque des voiliers de plaisance est généralement fermée par une surface plane ou légèrement arrondie à l'arrière, appelée tableau. On parle de tableau droit quand ce dernier est vertical, il existe des tableaux inclinés, ou inversés, mais aussi des tableaux ouverts lorsque le plancher du cockpit s'étend jusqu'à l'arrière.

TISSU DE VERRE (TRI-AXIAL, UNIDIRECTIONNEL) : Le tissu de verre est composé de fibres de verre tressées entre elles. Le tressage le plus courant est dit « rowing », avec des fils qui se croisent avec un angle de 90°, mais d'autres tissages existent pour offrir une résistance spécifique selon la pose du tissu.

VARANGUE : La varangue est une membrure de renforcement structurel située au niveau de la quille et perpendiculaire à l'axe du bateau.

VINYLESTER : Le vinylester est une résine qui présente de meilleures qualités, notamment au niveau de la résistance à l'eau, que le polyester.

WINCH : Le winch est une pièce d'accastillage qui se présente comme une grosse toupie et qui permet de démultiplier la force pour tirer sur un cordage, le winch peut être actionné par une manivelle ou par un moteur électrique.

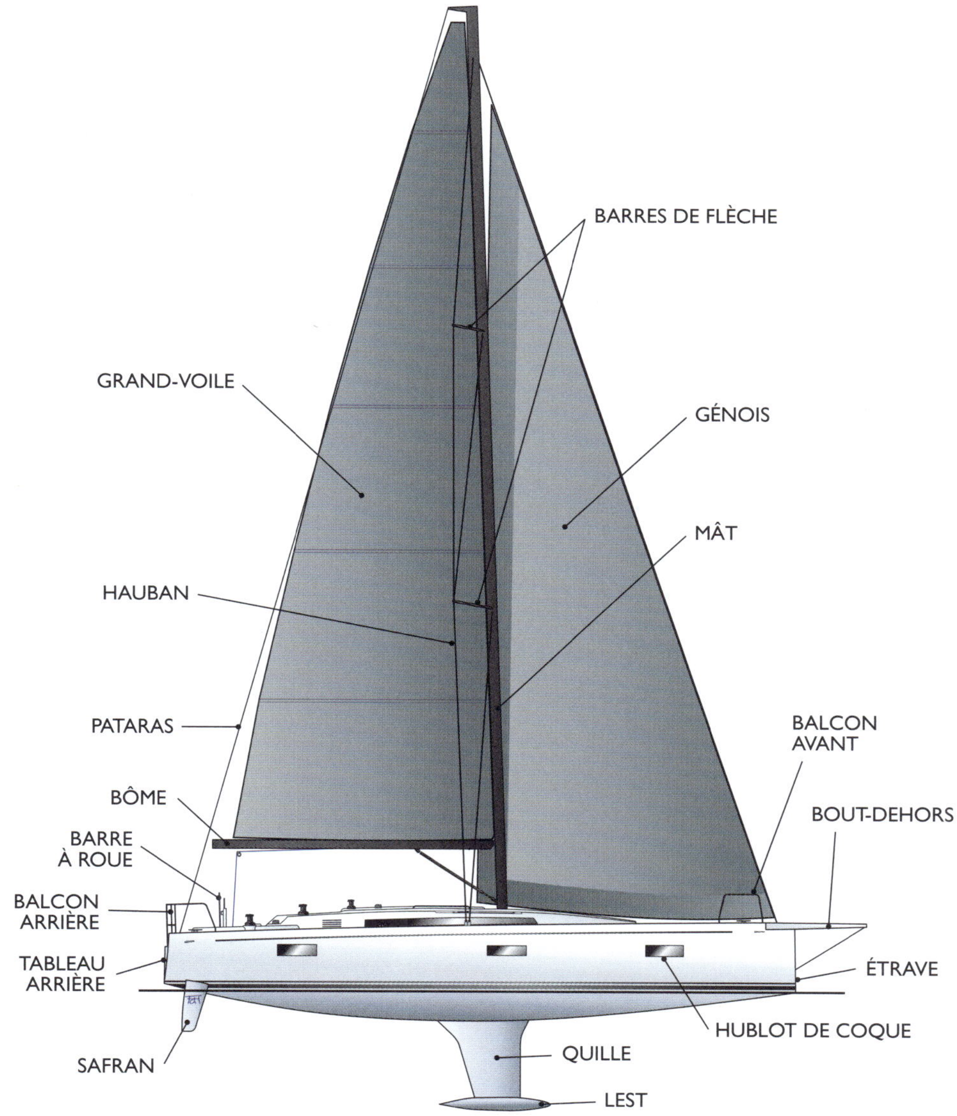

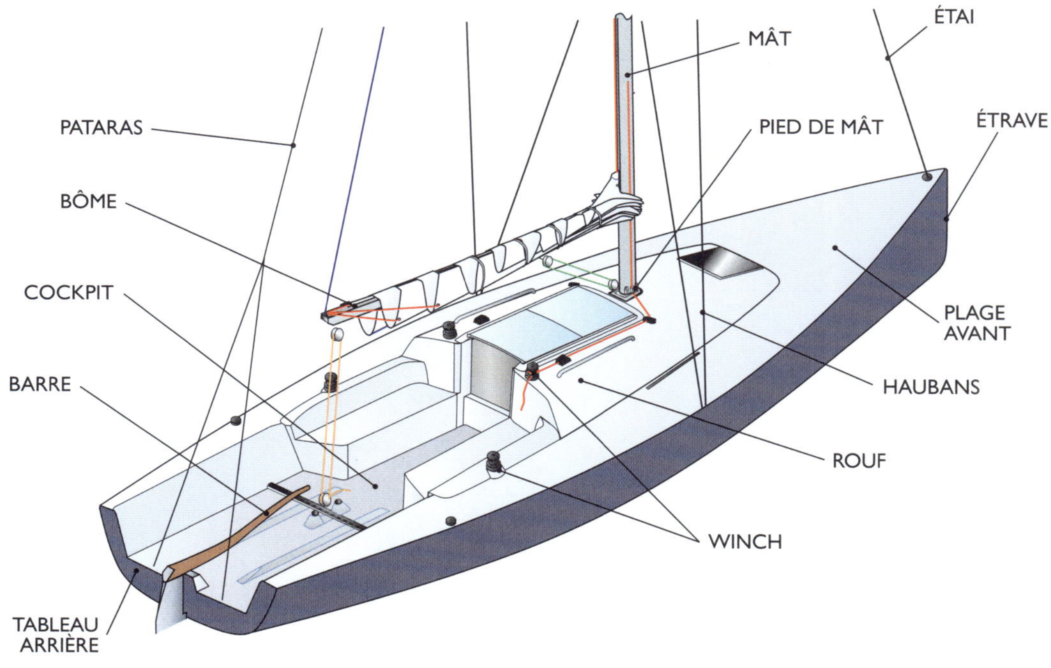

LE LANCEMENT DU FIRST

1977 : un équipage prestigieux a été réuni pour naviguer sur ce premier First. On reconnaît dans le cockpit du bateau Michel Malinovski et Eugène Riguidel. Les deux marins prendront le départ de la course en solitaire de l'Aurore à bord d'un First 30.

La vogue de la croisière

Pour le grand public, tout commence en 1977 au Salon nautique de Paris. C'était déjà ici, en 1965, sous la grande voûte en béton du CNIT que le constructeur vendéen était parti à l'assaut de la plaisance française avec ses pêche-promenade en polyester aux formes rassurantes, directement inspirées des bateaux de pêche dont il était un constructeur historique. Mais en janvier 1977, le paysage de la plaisance a bien changé. L'utilisation du polyester s'est très largement imposée et le littoral français a vu se multiplier les projets de port de plaisance pour accueillir des bateaux de plus en plus grands et encourager la pratique de la croisière. Les vacances sur l'eau deviennent un objectif pour des dizaines de milliers de plaisanciers, impatients de découvrir ce qui se cache derrière la ligne d'horizon.

Avec grand-voile haute, spi et trinquette, le First 30 démontre sa capacité à jouer avec les vagues au portant dans la brise.

Le Solitaire à l'honneur

Grâce aux exploits d'Éric Tabarly et d'Alain Colas sur la Transatlantique anglaise, les Français se passionnent pour la course au large en solitaire. Celle-ci connaît un fort développement avec la Course de l'Aurore (qui deviendra par la suite la Solitaire du Figaro). Les solitaires s'y affrontent lors de longues étapes entre la France, le nord de l'Espagne et l'Irlande. Cette épreuve estivale se court sur des voiliers d'environ 9 mètres qui peuvent courir en temps réel, car ils répondent à une jauge, formule mathématique complexe qui évalue leur performance. Et le bateau que présente le chantier BENETEAU lors du Salon nautique entre précisément dans ce cadre.
Le First, fièrement exposé au niveau 3, est un voilier taillé pour la performance, directement issu de l'*Impensable*, un bateau qui a remporté aux mains de Michel Briand le championnat du monde 1973, appelé Half Ton Cup, dans cette série si disputée.
L'architecte du First n'est autre que le Marseillais André Mauric, une sacrée référence : c'est lui qui a dessiné le célèbre *Pen Duick VI* que vient de mener Éric Tabarly à la victoire dans la Transatlantique anglaise. Et il ne fait pas de doute que ce First ira défendre ses couleurs lors de la prochaine Course de l'Aurore. Des marins renommés sont annoncés à sa barre : Eugène Riguidel et Michel Malinovski. Pour le chantier vendéen, il s'agit d'un grand saut dans l'inconnu. C'est d'ailleurs la première fois qu'un voilier construit par le chantier BENETEAU n'a pas été dessiné en interne. Une petite révolution que l'on doit à la patronne de l'entreprise, Madame Annette Roux, qui a beaucoup d'ambition pour la maison familiale et a compris que le développement du chantier passait par le lancement de voiliers de croisière rapides. À l'époque, le marché de course-croisière est déjà bien occupé par de nombreux concurrents qui n'ont pas attendu l'arrivée du spécialiste des pêche-promenade. Ils se nomment MALLARD, DUFOUR, WAUQUIEZ, GIBERT MARINE, JOUET, ALOA, KELT et bien sûr JEANNEAU. Annette Roux souhaitait que le chantier se lance dans le voilier rapide pour garder ses clients qui voulaient toujours plus grand et plus rapide, mais aussi pour se faire une place sur les marchés étrangers peu sensibles aux charmes des pêche-promenade maison. Et c'est à ce moment qu'un courrier de sa banque lui propose de racheter les moules de l'*Impensable* à la suite du dépôt de bilan du chantier Quéré-Paillard qui le construisait en toute petite série. « J'ai demandé à mon frère André et à François Chalain d'aller voir cette carène à La Rochelle, ils y sont allés tous les deux et on a acheté les moules. » Un pari qui allait se révéler gagnant, car ce bateau sera très compétitif.

Un succès validé en course

Et c'est précisément pour se faire un nom dans le monde de la course-croisière que BENETEAU s'est engagé résolument dans la voie de la compétition. Les résultats en régate doivent témoigner de la qualité du produit. Et le choix de la course au large implique une qualité de construction irréprochable, car ces bateaux sont, dès leur mise à l'eau, soumis à rude épreuve. La compétition permet de progresser ; c'est le credo de François Chalain qui seconde Annette Roux pour développer cette nouvelle gamme de course-croisière.

« Les clients faisaient la queue pour passer commande »

Ce premier First suscite bien sûr la curiosité et attire l'attention du public. « J'aimerai revoir cela dans ma vie, les clients faisaient la queue pour passer commande ». Si certains observateurs jugent le plan un peu daté en raison de ses formes arrière étroites, il ne tarde pas à faire étalage de ses qualités. Dans la fameuse Course de l'Aurore de 1977, Michel Malinovski termine à la troisième place ; il arrive premier des bateaux de série et il s'est permis de remporter deux étapes sur quatre au nez et à la barbe des prototypes !

Le First est bien né, d'autant qu'il est loin de l'esprit d'un prototype : la forme de la coque n'a pas été modifiée, sauf au niveau de l'aileron qui soutient le safran pour stabiliser un bateau un peu rouleur au vent arrière. Le pont et les emménagements, dessinés par André Bénéteau, portent la marque du constructeur vendéen et permettent de partir en croisière sitôt la régate terminée. Des emménagements réalisés en teck permettent d'accueillir jusqu'à sept personnes pour la nuit. Et il n'y a pas que son étrave qui est agressive, son prix est lui aussi très compétitif. Ce premier First aura un très large succès commercial : plus de 1 100 unités seront vendues entre 1977 et 1981.

Les First brillent en régate en solitaire comme en équipage. D'ailleurs, un an après la sortie du First, voici que l'on annonce une nouvelle épreuve : le Tour de France à la voile. La première édition, en 1978, se dispute sur des Écume de Mer (qui peuvent grâce à une quille très courte emprunter le canal latéral à la Garonne et le canal du Midi entre Atlantique et Méditerranée). Mais dès la deuxième édition, c'est le First qui est retenu pour cette épreuve très populaire.

En deux ans, le First est devenu la référence des voiliers de course-croisière, permettant de disputer la Semaine de La Rochelle ou la Course de l'Aurore, comme de découvrir en famille les côtes de Galice, d'Irlande ou de Corse. Seulement deux ans après sa sortie, on compte 14 First lors de la Semaine de La Rochelle, et le premier au classement n'est autre que *Lanturlu*, le bateau de François Chalain.

Premiers pas à l'international

Le bateau va aussi permettre au chantier d'aller se faire connaître sur des marchés étrangers. Éric Duchemin, un champion de dériveur devenu fabricant de mât, se souvient avoir accompagné François Chalain aux États-Unis en 1979 pour disputer la « One-of-a-kind Regatta », une compétition organisée par le magazine *Yachting* et opposant des bateaux de série entre eux. En 1978, Éric Duchemin avait aussi participé à la Course de l'Aurore, sur un First 30 évidemment. Une bonne place lui tendait les bras quand un concurrent malheureux lui a arraché son régulateur d'allure qui faisait office de pilote automatique au départ de la dernière étape. « En quittant l'Espagne, j'étais 4e mais un concurrent m'a abordé sur la ligne de départ et m'a arraché mon régulateur d'allure. Dans la pétole, j'ai mis trois ou quatre jours pour remonter d'Espagne jusqu'à Belle-Isle. Ça a été ma seule expérience en solitaire ! » Mais Éric Duchemin va continuer longtemps à accompagner le chantier sur les chemins de la course. En 1979, le First est proposé dans une version S, comme Sport, présentée comme « prête à courir » avec une quille en plomb (plus dense que la quille d'origine en fonte) et un gréement plus sophistiqué à double étage de barre de flèche. Et en juin 1980, un First 30 mené par l'Américain Jerry Cartwright dispute la célèbre Transatlantique anglaise et remporte l'épreuve dans sa catégorie, le Jester Trophy, réservé aux bateaux de moins de 9,75 m. Notons que depuis le Salon nautique de 1978, le First est devenu First 30 (pour sa longueur de 30 pieds, soit 9 m), pour le distinguer de ses petits frères, les First 27 (27 pieds, soit 8 m) et 22 (22 pieds soit 6,50 m) qui forment l'ossature d'une nouvelle gamme qui va très vite s'étoffer.

Une communication choc pour annoncer l'arrivée de BENETEAU sur le marché des voiliers de course-croisière.

Un First 310 engagé en 2015 sur la course des Iles, une régate en solitaire réservée aux amateurs, témoigne de la polyvalence de la gamme, aussi à l'aise en croisière qu'en régate.

LA GRANDE FAMILLE DES FIRST

Lancements en série

Pour BENETEAU, tout va très vite après le lancement du First 30. En capitalisant sur le succès du premier First, le constructeur vendéen va s'attacher à bâtir une gamme complète de croiseurs rapides en un minimum de temps. Avec toujours pour objectif de réussir à produire des bateaux performants. C'est ainsi que deux petits frères sont présentés au public à l'occasion du Salon nautique de Paris en janvier 1978. Si le First 27 (8 m) est un « petit » First 30, dessiné comme ce dernier par André Mauric, il présente des formes plus modernes qui lui permettent d'offrir presque le même volume intérieur que son grand frère. Pour le First 22 (6,60 m), le chantier a fait appel à Jean-Marie Finot ; une première collaboration réussie qui sera le début d'une très longue relation.

André Bénéteau en 1978 à bord du First 22 : l'architecte maison suivait les nouveaux projets même s'ils n'étaient pas dessinés par lui-même.

> *« À la fin des années 1970, c'était la grande bagarre entre JEANNEAU, MALLARD et BENETEAU sur les petits bateaux. »*

Ce petit bateau va répondre en tout point au cahier des charges du chantier : il permet déjà de partir en croisière en famille, mais aussi de gagner des régates. Ici, nulle course en solitaire ou nul championnat du monde au programme, mais le bateau sera présent sur les régates les plus importantes, comme la Semaine de La Rochelle. Yvan Griboval, aujourd'hui patron des expéditions OcéanoScientific, travaillait avec BENETEAU à cette époque. Il se souvient : « À la fin des années 1970, c'était la grande bagarre entre JEANNEAU, MALLARD et BENETEAU sur les petits bateaux. Je me souviens avoir gagné avec Jean-Marie Finot la Semaine de La Rochelle sur First 22, c'était une grande victoire ! »
Yvan était à la barre d'un bateau « usine ». Il s'agissait de montrer que l'on pouvait gagner avec un vrai bateau de série. Démonstration réussie pour le First 22 qui remporte la Semaine de La Rochelle deux années de suite, dans le petit temps comme dans la brise. Surtout, il présente une innovation qui va faire école : il est équipé d'une quille pivotante, ce qui permet de réduire le tirant d'eau pour rejoindre un quai à marée basse ou pour mettre le bateau sur une remorque, sans pénaliser les performances. Jusqu'alors, les « dériveurs lestés » devaient accepter des performances dégradées pour avoir le privilège de s'échouer ou de pouvoir naviguer en eaux peu profondes. Ce n'est pas le cas ici : pour en avoir le cœur net, les journalistes de *Voiles et Voiliers* vont comparer sur l'eau les performances d'un First 22 quillard avec celles d'un First 22 à quille relevable. Et la pratique confirme la théorie, notamment au louvoyage, quand il s'agit de remonter contre le vent. Cette quille que l'on remonte grâce à une manivelle actionnant une vis sans fin va connaître un grand succès et équipera bientôt l'ensemble des « petits » First, mais aussi le premier monotype de régate du chantier, le First Class. Le First 22 est un petit bateau, mais il a décidément toutes les qualités puisque l'un d'entre eux va même participer en 1979 à la deuxième édition de la Mini-transat, entre Penzance à l'extrémité ouest de la Cornouaille britannique et l'île d'Antigua, aux Antilles. Il a seulement fallu raccourcir le bateau de quelques centimètres à l'avant pour respecter les 6,50 m de longueur maximale !
Dans le même esprit, le chantier propose bientôt le First 18 qui permet de régater dans la classe de la Micro Cup qui vient d'être lancée par le magazine *Bateaux*. Cette compétition s'adresse à des voiliers de 5,50 m de long par 2,45 m de large, légers et facilement transportables. L'idée est

Du First 22, dessiné par Jean-Marie Finot, avec sa formidable quille pivotante, jusqu'au First 35, un plan Jean Berret, en passant par le First 28, également dessiné par Jean-Marie Finot, la première génération de First a fait ses preuves en régate.

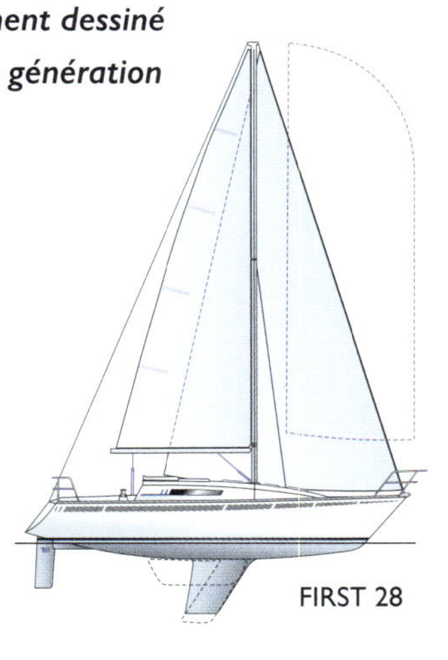

Le First 18, lancé en 1978, a été dessiné pour courir la micro-cup, réservée aux bateaux de 5,50 m.

Le First 35, présenté au grand pavois en septembre 1979, offre un volume exceptionnel pour sa taille.

de renouer avec l'esprit du célèbre Corsaire qui avait démocratisé la croisière à partir de 1954. Et le First 18 participe à cet engouement retrouvé pour la régate même si sa stabilité et son volume en font d'abord un premier croiseur économique.

Un grand frère généreux

Toujours dans l'objectif de développer la gamme, BENETEAU annonce l'arrivée d'un grand frère pour le First 30, ce sera le First 35, un voilier de 10,70 m dessiné par un jeune architecte prometteur, Jean Berret. Le chantier mise sur un talent qui s'est fait remarquer par ses résultats en course. Le First 35 s'inspire directement de la coque d'*Œsophage Boggie*, qui vient de s'illustrer lors de la ¾ Ton Cup disputée à La Rochelle. Les récents développements de l'architecture navale conduisent les architectes à dessiner des bateaux aux arrières toujours plus larges. Avec son déplacement relativement léger et ses formes planantes, le First 35 va séduire les régatiers mais se faire aussi une vraie place en croisière. Son atout principal ? Une largeur qui se prolonge loin sur l'arrière et se termine par un tableau que l'on juge énorme. On a fait beaucoup plus imposant depuis, mais à l'époque ce First 35 était le premier voilier de cette taille qui proposait deux cabines doubles à l'arrière : un avantage important pour les croisières familiales ou entre amis. Et le chantier n'en reste pas là, puisqu'en 1980 sort le First 25, puis le 28 et le 32. Comme toujours, ces bateaux sont inspirés de voiliers de course et vont prouver leur valeur sur l'eau à l'occasion des Semaines de Marseille ou de La Rochelle, même sur les Transat pour le First 35. Avec huit nouveaux modèles sortis en trois ans, BENETEAU s'est fait une place incontournable dans le monde de la plaisance. Faisant feu de tout bois, il a même lancé une planche à voile, une First évidemment. Difficile d'ignorer que l'ancien spécialiste du pêche-promenade est devenu un constructeur généraliste, présent sur tous les marchés. Mais le chantier vise plus haut et plus loin : grâce à la compétition, il entend bien faire briller le savoir-faire vendéen sur la scène internationale.

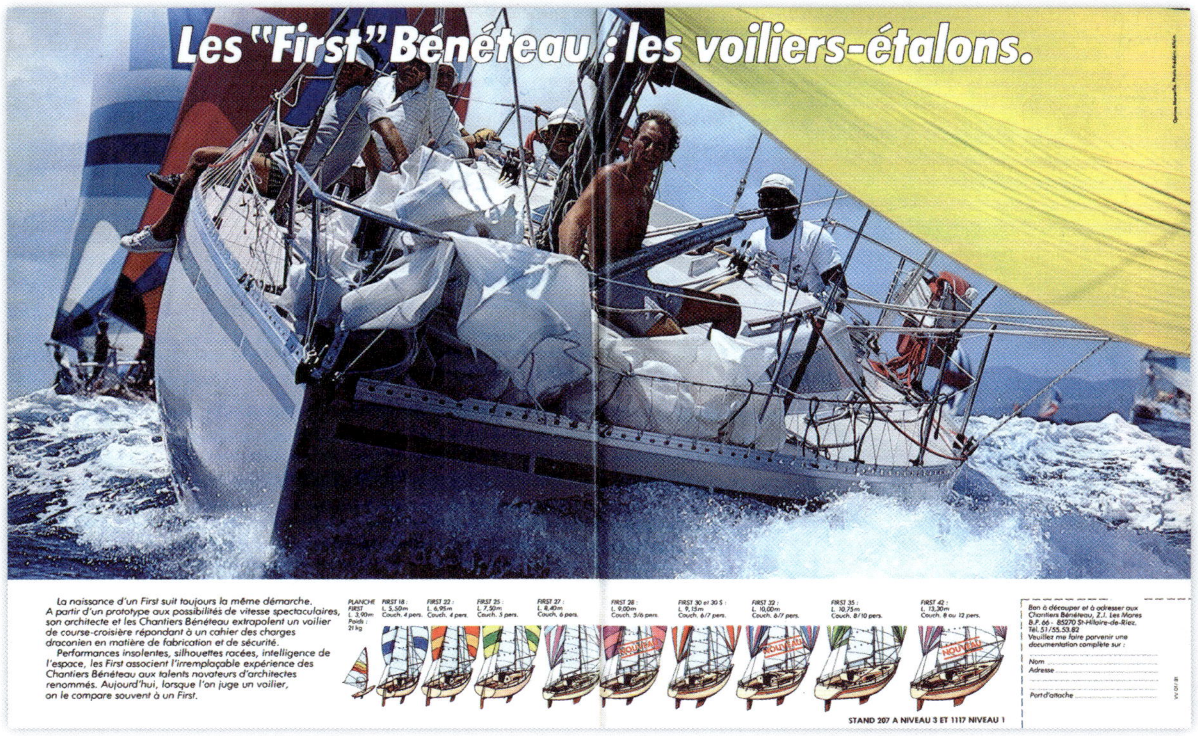

Cette publicité publiée en mai 1981 dans Voiles et Voiliers *met en valeur un First 35 en course et montre à quelle vitesse* ***BENETEAU*** *a constitué une gamme très complète.*

« LA COMPÉTITION FAIT PROGRESSER » FRANÇOIS CHALAIN

Difficile d'ignorer le rôle de François Chalain dans l'implication de BENETEAU dans la course.

Ce transfuge de JEANNEAU (où il avait lancé le Love-Love) était lui-même un passionné de régate et ne manquait jamais une occasion de prendre la barre des First dont il suivait de près la construction. Il est à l'origine du choix du rachat des moules de l'*Impensable* quand Madame Annette Roux exprime le souhait de lancer son entreprise sur le marché de la voile performante. Et il saura trouver le juste équilibre entre performance et compétition pour que le bateau touche un public plus large que celui des seuls régatiers. C'est sous l'impulsion de ce bourreau de travail que la gamme First se développe aussi vite, mais aussi qu'elle évolue sans cesse.

Toujours en éveil et perpétuellement curieux

François Chalain est ainsi à l'origine de l'arrivée des designers dans la plaisance en ayant fait appel à Philippe Starck ou Pininfarina. Toujours en éveil et perpétuellement curieux, ce grand gabarit sait se faire discret dans les allées d'un salon pour enregistrer les réactions et les remarques des visiteurs. Convaincu de l'importance de la compétition pour faire progresser le chantier, il suivait de près la construction des unités de l'atelier prototype à bord desquels il essayait autant que faire se peut d'aller tirer quelques bords. Pour composer son équipage, il puisait dans sa famille comme parmi ses collaborateurs. Et une mauvaise performance en course le week-end se traduisait par une mauvaise humeur qui en encourageait certains à éviter de passer devant son bureau le lundi suivant. Mais ce régatier invétéré savait aussi apprécier la croisière qu'il pratiquait en famille. Et c'est à son initiative, à la suite d'une croisière aux Antilles, que BENETEAU lance la gamme Océanis qui allait rapidement s'imposer comme la référence des voiliers de croisière et installer durablement BENETEAU comme premier constructeur mondial de voiliers.

Ici sur la plage avant pour l'affalage d'un spi, François Chalain ne lâchait pas sa pipe. Le premier responsable de la gamme First ne manquait jamais de naviguer sur les voiliers qu'il avait imaginés.

En décembre 1981, BENETEAU communique sur quatre victoires majeures remportées par les First dans l'année écoulée.

CHAMPION DU MONDE

Des prototypes pour gagner

Installé à Saint-Hilaire, entre la menuiserie et les bureaux de la direction avant que ces derniers ne prennent leurs aises boulevard de la mer à Saint-Gilles, l'atelier prototype a été le berceau de nombre de voiliers. Ces derniers ont marqué la course au large par leurs nombreuses victoires, non seulement en France, mais aussi dans le monde entier. Un atelier prototype sert logiquement à fabriquer le premier exemplaire d'une série pour valider son processus de construction, évaluer précisément les quantités de matières à mettre en œuvre et déterminer le temps nécessaire à sa construction. Cette fabrication permet aussi de mettre le doigt sur des difficultés de réalisation qui n'avaient peut-être pas été imaginées lors du dessin du bateau. Tout cela requiert une équipe dotée d'un vrai savoir-faire, d'un solide bon sens, de pas mal d'imagination et d'une grande souplesse.

La victoire du First 30 Evolution dans la Half Ton Cup a été immédiatement suivie, à l'automne 1981, par le lancement du First 30 E.

Autant dire que l'on y trouve des ouvriers aussi compétents que polyvalents. Et leurs qualités seront les bienvenues pour réaliser des voiliers dessinés spécifiquement pour la course, pour briller au plus haut niveau. Car si le First 30 a démontré sur l'eau ses qualités, notamment en solitaire, et si le chantier le propose très vite dans une version S plus affûtée, il ne peut pas rivaliser avec des dessins plus récents et surtout avec des bateaux construits à l'unité. Le chantier demande alors à l'architecte Jean Berret de lui dessiner un voilier de 9 m à la pointe de la performance et décide d'en fabriquer une toute petite série pour aller à la chasse aux trophées. Ce bateau, le First 30 Evolution, va se retrouver aux mains de marins chevronnés au départ de la Solitaire du Figaro 1980 (Jean-Marie Maréchal, Patrick Elies, Luc Poupon), mais il va surtout s'attaquer au championnat du monde de sa catégorie, baptisée Half Ton Cup. Cette année-là, l'épreuve se court en Suède et trois First Evolution ont fait le déplacement. *First Lady*, mené par Gilles Chabaud, a terminé deuxième à la Semaine de La Rochelle et compte un certain François Chalain parmi ses équipiers. Jérôme Langlois, à bord de *M. Bateaux Yachting*, a embarqué Éric Ingouf, chargé de la préparation des voiliers de course chez BENETEAU et son copain cherbourgeois Jean-Yves Furic. Le troisième First Evolution, confié à Éric Duchemin, court sous pavillon anglais avec le champion Ian Howlett. Et c'est ce dernier, baptisé *Ladies First*, qui décroche la deuxième place de l'épreuve grâce à des bords de spi de furieux. Malgré une peinture sous-marine anti-salissures, le fameux antifouling qu'il a fallu refaire à la hâte à la veille du départ et des figures de style osées, quille et spi à l'horizontale par 40 nœuds de vent, le coup n'est pas passé loin.

Un médaillé d'or à la barre

L'année suivante, le mondial se dispute dans les eaux anglaises, autant dire dans le jardin du voisin pour des régatiers habitués à disputer les grandes classiques du Royal Ocean Racing Club. L'hiver va permettre de travailler sur le bateau afin qu'il soit au summum de sa forme. Et les résultats de fin de saison confirment que cette mini-série de First Evolution est bien née. C'est un First Evolution qui gagne Novembre à Hyères, un autre la première partie des entraînements d'hiver à Lorient, toujours un First Evolution sur la première marche du podium lors de Noël à Antibes, à la Semaine d'Alassio en Italie ou à la Coupe du Nouvel An disputée sur le plan d'eau de Noirmoutier, tout proche du chantier. La moisson de trophées se poursuit à la Semaine internationale de Marseille à Pâques, et si King First ne termine qu'à la deuxième place de la Semaine de La Rochelle, les observateurs ont bien noté qu'il était le plus rapide de sa catégorie. À bord de ce bateau chantier, Éric Ingouf bien sûr, qui connaît le bateau sur le bout des doigts pour avoir supervisé la construction, mais aussi les modifications apportées l'hiver au chantier. Et à côté d'un équipage très aguerri, un barreur d'exception : le Danois Pol Elvstrom, quatre fois médaillé d'or aux Jeux olympiques et fondateur de la voilerie du même nom. Rebaptisé King One pour éviter d'être victime des règlements qui prohibent alors toute publicité dans les noms des bateaux, le voilier va brillamment remporter la Half Ton Cup disputée à Poole, dans le Solent. BENETEAU peut s'enorgueillir de cette victoire au plus haut niveau international. Et fort de ce résultat prestigieux, lancer en fanfare le successeur du First 30 : ce sera le First 30E (comme Evolution), extrapolé de la carène du champion du monde.

HALF TON CUP

LE ROI COURONNE D'UN BERRET

Quand **Voiles et Voiliers** *saluait, dans son numéro de novembre 1981 la victoire du roi Paul Elvstrom à bord d'un First dessiné par Jean Berret.*

LES 6 HEURES DE PARIS

À la fin des années 1970, le chantier BENETEAU fait décidément feu de tout bois et, parallèlement à la course au large, s'essaie à la compétition motonautique avec la même détermination et le même succès qu'en voile.

L'épreuve des 6 heures de Paris est la plus célèbre des courses d'endurance en France. Et pour cause, elle offre un spectacle impressionnant (et gratuit) dans un stade nautique exceptionnel. Disputé sur la Seine entre les ponts d'Iena et du Garigliano, les bolides font le tour de l'île aux Cygnes et virent une bouée au pied de la tour Eiffel à des vitesses ahurissantes (près de 140 km/h de moyenne !). Et justement le Néerlandais Cees Van der Velden est l'un des pilotes les plus rapides du monde. En 1969, il a ainsi été chronométré à 122 km/h au volant d'un monocoque, devenant l'homme le plus rapide sur l'eau. Pas étonnant qu'il soit surnommé le « Hollandais volant ». Il a déjà cinq titres de champion du monde dans sa besace et une victoire aux 6 heures de Paris. Et c'est avec lui que BENETEAU fait équipe pour s'attaquer à la prestigieuse épreuve. Sur un catamaran qu'il a lui-même conçu, Van der Velden offre à BENETEAU une victoire de prestige dans la catégorie reine des moteurs de plus de deux litres de cylindrée (OZ). Cette victoire de BENETEAU va permettre au chantier vendéen de lancer sa gamme Flyer de bateaux à moteur performant.

En 1979, la première incursion de BENETEAU dans les courses motonautiques d'endurance s'est soldée par une victoire éclatante dans les prestigieuses « 6 heures de Paris ». La collaboration avec le champion néerlandais Cees Van der Velden a été une réussite.

CORUM
Rubis

OBJECTIF ADMIRAL'S CUP

Corum Rubis, l'un des trois bateaux de l'équipe de France qui emporte l'Admiral's Cup en 1991 a été construit par l'atelier prototype du chantier BENETEAU.

Une régate pas comme les autres

Il n'y a sûrement qu'en voile qu'une compétition aussi compliquée à suivre que l'Admiral's Cup puisse susciter autant de convoitise. Lancée en 1957, cette compétition était considérée comme un véritable championnat du monde de course au large, mais un championnat qui se disputait seulement tous les deux ans et opposait des équipes nationales composées de trois bateaux. Pour les départager, six épreuves alternant régates en baie et courses au large, avec en final la redoutable course du Fastnet, plus de 600 milles à jouer avec les courants de la Manche le long de la côte anglaise et à chercher la meilleure trajectoire pour traverser la mer Celtique.

Autour de la maquette du First 42, on reconnait André Bénéteau (à gauche) mais aussi (au centre) François Chalain, Michel Malinovski et Annette Roux.

Les courses n'ont pas toutes le même coefficient de même que les bateaux n'ont pas tous la même taille. C'est pour cela qu'elles sont affublées d'un « rating », un nombre un peu abstrait qui permet de mesurer les performances de voiliers parfois très différents les uns des autres. Le résultat de l'Admiral's Cup s'obtient en additionnant les points obtenus par les trois bateaux composant l'équipe. Malgré cette complexité et la difficulté à composer une équipe compétitive en pariant un peu sur les conditions météo que l'on risque de rencontrer, l'événement est devenu le plus disputé qui soit dans le domaine de la course au large en équipage. Dans les années 1980, on y retrouve les meilleurs maîtres-voiliers et les plus grands champions. Le Royaume-Uni est souvent sorti vainqueur de ces joutes passionnées, mais a dû parfois céder le trophée aux États-Unis, à l'Australie ou à l'Allemagne. La France n'a guère brillé dans cet exercice, et même si certains de ses représentants ont pu y faire de belles performances, le résultat final donnait toujours raison à l'adage suivant : 10 Anglais sur un bateau, cela fait un équipage, 10 Français sur un bateau, cela fait 10 équipiers. Mais BENETEAU qui s'est assuré une place de choix dans l'Hexagone avec des bateaux de taille raisonnable veut jouer dans la cour des grands. Quoi de mieux que d'aller défier l'élite de la course au large pour démontrer la valeur de l'entreprise ?

« Avant la fin du repas les plans du bateau étaient tracés sur la nappe et Madame Roux avait donné son accord ! »

Ce sera aussi l'occasion de s'attaquer à la fabrication d'unités de plus en plus grandes. La première d'entre elles sera le First 42 (13 m) dessiné par l'Argentin German Frers. Éric Duchemin, alors patron de la société ISOMAT, se souvient avoir présenté l'architecte à Annette Roux et François Chalain. « Je connaissais bien Frers et donc j'organise un dîner avec Madame Roux et François Chalain. German Frers avait toujours l'habitude de griffonner quand il parlait d'un bateau et avant la fin du repas les plans du bateau étaient tracés sur la nappe et Madame Roux avait donné son accord ! » Le 42 pieds « usine » se distinguait du First 42 de série par son pont entièrement dégagé (*flush deck*) et des emménagements plus succincts. « Avec ce *Lady Be Good*, nous avons gagné Cowes-Dinard toutes classes, mais l'Admiral's Cup 1981 s'est courue dans la pétole (par tout petit temps) et là nous étions beaucoup moins bons. » Il n'empêche que ce grand bateau très élégant se fait remarquer, c'est d'ailleurs le meilleur des trois voiliers de l'équipe de France. Il permet à la marque de soigner son image à l'international : le First 42 est le voilier amiral du chantier et sera davantage destiné à l'exportation que le reste de la gamme. Au tout début des années 1980, un bateau de 13 m attire tous les regards dans un port de l'Hexagone. Et il ne se contente pas de courir entre Manche et Angleterre puisque l'on retrouvera le First 42 – de série celui-là – au départ de la course La Rochelle-La Nouvelle-Orléans puis de la Route du Rhum.

La volonté de faire gagner la France

Chez BENETEAU, on a bien compris l'importance de l'Admiral's Cup pour rayonner à l'international, un nouvel admiraler se prépare, toujours sur plan Frers et avec ses 14 m, il est encore plus grand. Inspiré par *Scaramouche* qui a brillé aux États-Unis, le premier First 456 est destiné à Éric Duchemin. Il ne fera pas partie de la sélection française, mais *Lady Be* courra bien l'Admiral's Cup 1983 pour l'équipe néo-zélandaise

Lady Be, ***le premier First 456, est le deuxième bateau construit par BENETEAU pour disputer l'Admiral's Cup. Confié à Éric Duchemin, il courra en 1983 sous pavillon néo-zélandais.***

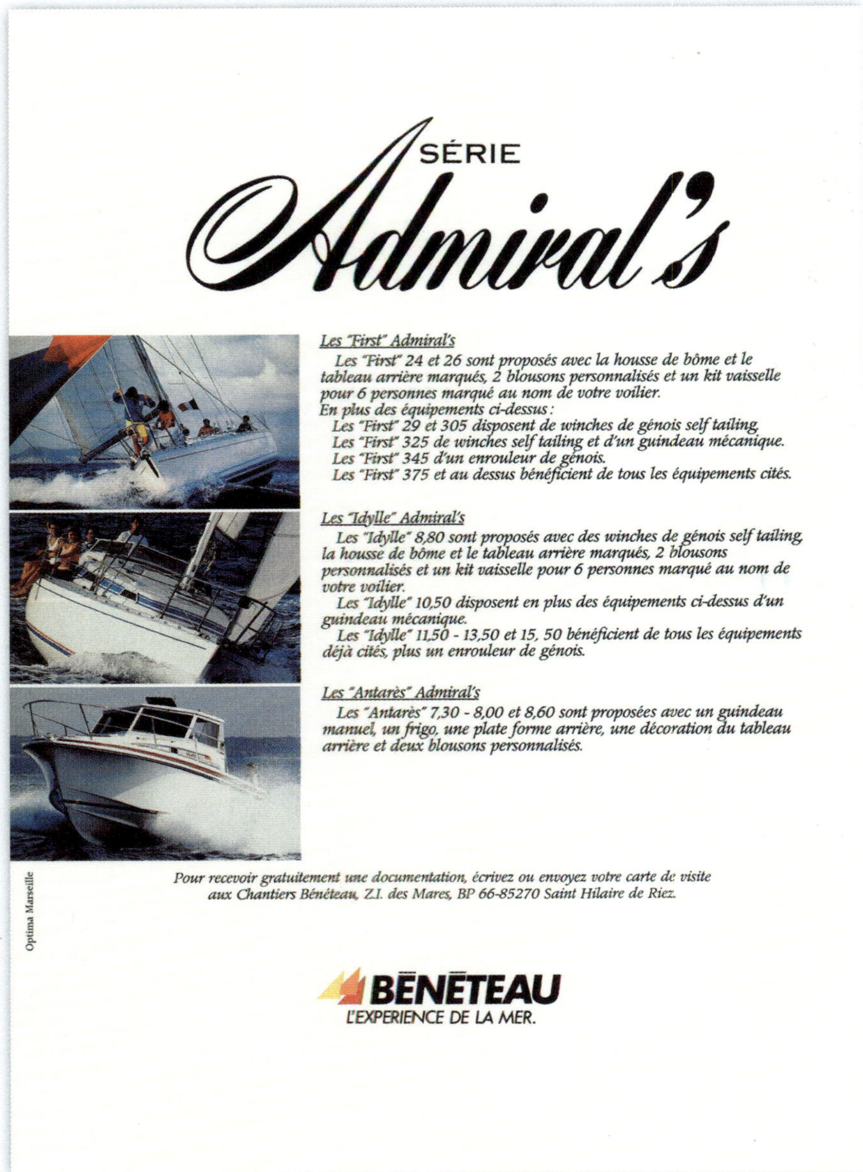

La première place de Phoenix, meilleur bateau de l'Admiral's Cup en 1985, est célébrée par le chantier avec une série spéciale « Admiral's » sur l'ensemble de ses gammes.

avec un certain Peter Blake comme skipper. Dommage, le meilleur bateau cette année-là était français, il s'agissait de *Diva*, un plan Joubert-Nivelt. Mais le reste de l'équipe n'était pas au niveau. Plus tard, *Lady Be* prendra la direction des États-Unis où Éric Duchemin a bien failli remporter le prestigieux SORC, une épreuve qui se court l'hiver dans les eaux chaudes de Floride. Jamais deux sans trois, semble penser le chantier de Saint-Gilles-Croix-de-Vie puisque pour la prochaine Admiral's Cup, celle qui va se dérouler en 1985, BENETEAU met autour d'une même table à dessin la fine fleur des architectes français. On retrouve Jean-Marie Finot, Jean Berret et Jacques Fauroux pour dessiner ce First One. L'idée est de construire une petite série, à l'image de ce qui avait été fait avec le First 30 Evolution, champion du monde en 1981. Parmi les skippers intéressés, on retrouve bien sûr Éric Duchemin sur le premier bateau de la série, baptisé *Fair Lady*. Le voilier est tout juste mis à l'eau pour le Spi Ouest-France 1984, mais n'a pas encore reçu toutes ses voiles. Duchemin est le barreur, mais on retrouve Éric Ingouf et François Chalain à son bord : les BENETEAU boys naviguent !

Une résine nommée époxy

Un autre bateau est aux mains de Bruno Troublé qui skippe *Coyote* (pour Co-yacht, car il partage le bateau avec ses copains) et va se faire la main lors de la Sardinia Cup, sorte de pendant méditerranéen de l'Admiral's Cup disputé à Porto Cervo. Les deux bateaux se retrouvent sur la ligne de départ de la One Ton Cup qui se dispute à La Trinité. Ils finissent 4e et 5e de cette épreuve. À la fin de l'année 1984, les deux skippers décident de vendre leur bateau pour partir avec un matériel encore plus affûté. Tandis que *Fair Lady* prend la direction de l'Angleterre et *Coyote* celle des États-Unis, les deux équipes se tournent à nouveau vers BENETEAU pour passer commande du même bateau, mais en mieux. C'est-à-dire que la construction va être encore plus soignée. François Chalain espère en effet gagner 300 à 400 kg dans la construction de la coque grâce à une structure

Derrière le succès de Phoenix, meilleur voilier de l'Admiral's Cup de 1985, on trouve les architectes Jean Berret, Jacques Fauroux et Jean-Marie Finot réunis par BENETEAU.

allégée aux extrémités, mais surtout à une nouvelle résine aux qualités exceptionnelles : l'époxy, qui fait ainsi son entrée dans le chantier vendéen. La fin de la saison 1984 de régate consacre tout de même un First 456. Mais celui-ci est sous pavillon anglais et il s'agit d'un voilier de série : *Yeoman XXIV*, skippé par Robin Aisher qui se permet d'être champion du RORC dans sa classe – la preuve s'il en était besoin que le travail sur les prototypes profite aux voiliers de série !

Et le début d'année 1985 réussit aux One tonner BENETEAU, qui terminent à la 2e et la 5e place du classement général du SORC, la grande classique américaine disputée en février dans les eaux chaudes de Floride. La petite série de One tonner est présente aux États-Unis comme en Angleterre ; BENETEAU est devenu en quelques années une référence internationale dans le monde de la course au large et ce n'est pas un mince exploit. Les deux exemplaires français de la série, *Coyote* et *Fair Lady*, font partie de l'équipe de France qui dispute l'Admiral's Cup en 1985, avec *Espace du désir.* Mais l'équipe de France rentre une nouvelle fois bredouille de la compétition, son bateau le mieux placé termine 9e. La France a perdu, mais pas BENETEAU : le meilleur bateau de la compétition est un sister-ship des bateaux français et il sort du même atelier prototype. *Phoenix*, racheté par des Anglais à la fin de la saison 1984, n'a pourtant intégré que tardivement l'équipe britannique. Il n'a été retenu qu'à la suite du naufrage d'un autre bateau, *Indulgence*, à qui l'on promettait la victoire. L'équipage du bateau coulé s'approprie donc *Phoenix* en quelques semaines, l'allège autant que faire se peut et obtient le meilleur résultat de toute la flotte ! Pour le chantier BENETEAU, avoir construit le meilleur bateau de l'année n'est pas une mince récompense. Pour fêter l'occasion, le constructeur lance une

Fair Lady, ***sorti en 1984, est le premier des BENETEAU One Ton, une petite série dessinée par Berret-Fauroux-Finot pour aller disputer l'Admiral's Cup.***

Corum, un plan Philippe Briand, a été construit par BENETEAU pour disputer l'Admiral's Cup 1987.

Lors de la mise à l'eau du premier Corum. Aux côtés de Madame Annette Roux et Jean-René Bannwert, le patron de l'horloger suisse.

Lors de l'Admiral's Cup 1987, Xeryus mené par Bruno Troublé a lui aussi été construit dans le département prototype du chantier BENETEAU.

série Admiral's sur l'ensemble de sa gamme. Le BENETEAU One Ton est aussi distingué par la revue américaine *Yacht racing and cruising* pour ses bons résultats tant aux États-Unis (SORC) qu'en Europe (Admiral's Cup).

Matériaux exotiques et chasse aux poids

Tout le travail effectué sur les prototypes permet de mettre en évidence le nom de BENETEAU sur la scène internationale, mais la recherche du meilleur compromis poids/rigidité, comme l'utilisation de nouveaux matériaux, va enrichir les compétences des équipes et profiter aux bateaux de série. Jean-Michel Crochet, qui travaillait à la préparation des bateaux avant leur mise à l'eau, se souvient de cette grande époque : « Nous étions sous la responsabilité de Jean-Michel Gateau qui dirigeait l'atelier prototype et nous pouvions voir la construction des bateaux de course, les coques faites à l'envers et poncées à la main, la cuisson du composite au four, les peintures faites avec le plus grand soin au pistolet… Éric Ingouf suivait la construction de tous ces bateaux et il avait l'autorisation d'aller chercher du personnel en usine pour les faire travailler dans l'atelier prototype, les opérateurs découvraient le travail du carbone, l'infusion… » Retombée directe de cet apprentissage : les nouveaux First Class 12 lancés en 1986 sont construits en sandwich avec des tissus composés de fibres de verre unidirectionnel et triaxiaux qui garantissent une meilleure raideur, les membrures sont renforcées de carbone et les cloisons aux extrémités sont fabriquées avec une âme en nid d'abeille pour faire la chasse au poids. Et à la fin de cette année 1986, on apprend que BENETEAU est à nouveau choisi pour construire des bateaux pour l'Admiral's Cup. Il y aura *Cofica*, dessiné par Jean Berret pour Léon Brillouet et Pierre Fountaine, mais surtout un premier *Corum* dessiné par Philippe Briand. L'horloger suisse qui finance ce bateau sera fidèle au chantier sur de nombreux projets. L'année 1987 sera exceptionnelle par le nombre de candidats pour représenter la France à l'Admiral's Cup, une douzaine qui vont être départagés par des sélections. Le Spi Ouest-France est la première épreuve où les bateaux peuvent se confronter. Ça ne se passe pas au mieux pour les bateaux BENETEAU : *Corum* est retourné en chantier pour des modifications afin d'être moins taxé par la jauge et *Cofica* n'est pas encore à plein rendement. Pire, le meilleur admiraler français est pour l'instant *CGI*, un dessin de Daniel Andrieu construit par le concurrent le plus redouté : JEANNEAU !

La tour Eiffel pour marraine

Finalement, à l'issue de sélections ultraserrées, les trois bateaux retenus pour l'Admiral's Cup 87 sont *Corum*, *Xeryus* (qui n'est autre que l'ancien *Coyote*, toujours mené par Bruno Troublé) et *Centurion*. Encore une fois, deux des trois bateaux retenus ont été construits dans l'atelier prototype de BENETEAU ! Mais hélas, l'Admiral's Cup est difficile pour les Français. Ce ne sera pas pour cette fois-là !

Après toutes ces tentatives, certains pourraient se décourager. Mais certainement pas Bruno Troublé qui, tout juste rentré d'une saison de course frustrante, commande au chantier BENETEAU un nouveau bateau pour aller régater chez les Anglais. *Xeryus* sera un plan Bruce Farr, l'architecte néo-zélandais qui impose ses dessins sur les plans d'eau du monde entier. Le bateau va bénéficier d'une construction high-tech entièrement en fibre de carbone, une première pour le chantier vendéen. Rien n'est trop beau pour ce bateau qui aura même droit à un baptême spectaculaire, sur la Seine, au pied de la tour Eiffel. Bruno Troublé se souvient de ce jour de juin 1988 : « On avait mâté le bateau au pont de Bir-Hakeim, c'est quand même dément, nous avons tiré des bords sous spi entre les deux ponts. C'était un bateau qui était très prometteur, le premier bateau de BENETEAU en carbone. On ne s'en est pas rendu compte tout de suite, mais ils ne maîtrisaient pas encore très bien la technologie et le bateau s'est plus tard délaminé. » L'autre admiraler construit par BENETEAU pour disputer l'Admiral's Cup 1989 aura aussi droit à un baptême parisien, sur l'avenue de la Grande-Armée, devant la vitrine du chantier nommé « Port BENETEAU ». Il s'agit de *Corum*, deuxième du nom. Un bateau toujours dessiné par Philippe Briand et résolument original. Le pont se caractérise par une double descente qui permet de gagner du poids en centrant les manœuvres dans le cockpit, mais aussi par des bancs de rappel sous le pont avec des ceintures de sécurité pour que l'équipage puisse se sangler au vent, le rappel à l'extérieur des filières étant alors interdit la nuit. Luc Gelusseau, qui dirige alors l'équipe *Corum,* nous rappelle : « L'idée des deux descentes avec un piano de manœuvre central apportait un gain en rigidité et puis Philippe Briand insistait pour dire que comme un grand constructeur de voiture avait des *concept cars,* un grand constructeur de bateau devait avoir des *concept boats.* »

En tout cas, le constructeur a fait des miracles pour limiter au maximum le poids de ces bateaux, la coque nue de *Corum*, par exemple, ne pesait que 400 kg ! Et *Xeryus* à sa mise à l'eau n'affichait que 6,9 t sur la balance, dont 4 de lest : c'est très peu pour un voilier de 13 mètres. Les deux bateaux semblent bien nés et se montrent à la hauteur de la concurrence. En 1989, ils terminent premier (*Corum*) et deuxième (*Xeryus*) du Spi Ouest-France. Le troisième bateau qualifié pour représenter la France à l'Admiral's Cup s'appelle *CGI* et sort des ateliers Techniques avancées du concurrent JEANNEAU. À vrai dire, après plusieurs éditions dans lesquelles les Français n'ont pas été brillants, les observateurs ne sont pas très optimistes sur les chances françaises. *Voiles & Voiliers* titrait même quelques mois avant l'épreuve : « Admiral's Cup, repartir de zéro. »

Une victoire d'équipe

Finalement, les Français font beaucoup mieux que de la figuration à Cowes. L'équipe est même pendant un temps deuxième au classement général grâce notamment à une victoire de manche de *Corum* qui n'en finit pas d'épater la concurrence. Mais *Xeryus* est un peu à la peine quand le vent et surtout le clapot prennent de l'ampleur et cette édition fait la part belle aux grands bateaux alors que les Français ont fait le choix de rester dans des tailles plus

Le deuxième Corum construit par le chantier BENETEAU est un bateau innovant et performant avec ses deux petits roufs.

Le Xeryus, deuxième du nom toujours barré par Bruno Troublé, est un plan Bruce Farr, le premier bateau entièrement en carbone construit à Saint-Gilles. Il méritait bien un baptême exceptionnel, avec un bord de spi d'anthologie au pied de la tour Eiffel en juin 1988.

modestes. Mais ils terminent devant les équipes australiennes, américaines, italiennes et allemandes. Ils n'avaient pas été à pareille fête depuis 1967, l'année où un certain *Pen Duick III* mené par Éric Tabarly était du voyage. Satisfaction affichée chez BENETEAU qui peut s'enorgueillir d'avoir construit deux bateaux impressionnants. Le chantier ne construira pas d'admiraler pour la prochaine édition, celle de 1991, mais sera tout de même partie prenante de la victoire française si longtemps attendue dans cette épreuve. *Corum*, qui a impressionné en 1989, est toujours dans l'équipe de 1991. Avec deux autres Corum loués pour l'occasion. Toute l'équipe est aux couleurs de l'horloger suisse, et sous la houlette de Luc Gelusseau, l'équipe de France remporte enfin l'Admiral's Cup grâce à un Fastnet d'anthologie dans lequel les trois bateaux français auront réalisé un « coup météo » qui restera longtemps en travers de la gorge de leurs adversaires. Pour BENETEAU, c'est une véritable épopée qui s'achève de la plus belle des manières, même si la compétition continue de rythmer la vie du chantier, et notamment en monotype.

En 1991, l'équipe de France, composée de trois bateaux Corum, réussit enfin à remporter l'Admiral's Cup grâce à un coup météo magistral lors de la course du Fastnet. Un succès qui a d'autant plus de saveur qu'il a fallu déployer beaucoup d'efforts pour le décrocher.

FRA 9394
CORUM
CORUM
CORUM
CORUM

80
40
24 UREN
HEURES
ARTINI
1/06/86

Le passage des First Class 8 à la bouée au vent lors d'un Spi Ouest-France : un moment toujours très disputé.

LE TEMPS DES MONOTYPES

Une nouvelle génération de voiliers

À la fin des années 1970, une nouvelle tendance se fait jour dans le monde de la régate : la course en monotype. Courir en monotypie signifie que tous les équipages disposent du même bateau et ont donc théoriquement les mêmes chances de l'emporter. Si le monotype est la règle dans le monde du dériveur de sport où l'on régate en 420, 470, Fireball, Laser ou Finn, elle n'est pas encore très courante dans les courses disputées en habitable. Et pourtant la demande est bien là : le succès du J/24 aux États-Unis et du Surprise en France témoigne de cet appétit pour des voiliers simples et performants qui ne seront pas démodés après seulement un an ou deux de régate.

Dans les années 1980 et 1990, les lignes de départ des First Class 8 étaient toujours les plus encombrées : pas facile de s'y faire une place !

Démarrage en trombe

Le chantier BENETEAU, occupé à lancer une gamme complète de First à partir de 1977, n'est pas le premier sur ce nouveau marché des monotypes. Mais il en perçoit bien vite le potentiel et ne veut pas laisser ses concurrents mener la danse. (Dufour prend la licence du J/24 pour la France, JEANNEAU lance le Fun au Salon nautique de janvier 1982.) BENETEAU annonce aussitôt l'arrivée du First Class. Le match des monotypes va être saignant. Face au Fun « la GTI des mers », le First Class se présente comme « un monotype hauturier ». Dessiné par Jean-Marie Finot et Jacques Fauroux, il est un peu plus long, un peu plus lourd et un peu plus toilé que ses concurrents, mais il respecte le gabarit routier avec ses 2,50 m de large et grâce à sa quille pivotante qui vient se plaquer sous la coque, il est facile à transporter sur la route. Il a

bien quelques mois de retard sur son principal concurrent (le Fun), mais une fois lancée, la machine First Class sera difficile à arrêter. En à peine plus d'un an, 370 bateaux ont déjà été construits. Les First Class ne sont qu'une poignée en 1983 au Spi Ouest-France, et une vingtaine l'année suivante avec déjà quelques champions au départ (Patrick Élies ou Lionel Péan). Puis leur nombre ne cessera de grimper : 34 en 1986, 43 en 1987, le cap des 50 est franchi en 1989, 59 en 1990, 67 en 1991, 71 en 1992, 78 en 1993… Les First Class constituent toujours les flottes les plus importantes à la fin des années 1980 et au début des années 1990. On les retrouve sur tous les grands rendez-vous, du Spi Ouest-France à la Semaine de La Rochelle, de la Semaine de Marseille à la Course EDHEC, mais aussi dans les régates de club ou les compétitions de match racing. Les qualités du bateau sont certaines, il est joli, il est rapide, mais aussi solide et facile à transporter.

Une série très animée

Mais il profite aussi d'une politique très volontaire du constructeur qui participe à sa grande diffusion. Benoît Charon, qui est l'un de nos champions les plus titrés en monotype, a gagné des dizaines de régate en Class 8, a remporté six fois la Semaine de La Rochelle sur ce bateau, cinq fois le Grand Prix du Crouesty, mais aussi trois fois le National et aussi un championnat d'Europe. Il avait pourtant jeté au départ son dévolu sur le Fun, mais n'a pu résister à l'attraction

Tournées des plages ou trophées des chefs permettent de soigner la communication du chantier. Ici l'humoriste Thierry Le Luron à la barre d'un First Class 10, Annette Roux à ses côtés.

Le First Class 8 a rapidement été le point de départ d'une gamme qui s'est constituée avec le First Class 7 et le First Class 10.

de la série la plus active : « BENETEAU avait eu le nez creux et s'était associé avec la Fédération française de Voile. La même année a été lancé un championnat de France des équipages sur flotte partagée, plus le championnat de France de match racing. Ils ont investi avec trois flottes de six bateaux, une en Manche, une en Atlantique et une en Méditerranée, pour organiser des régates sélectives pour les championnats de France. Du coup, tous les régatiers essayaient le bateau et pouvaient voir ses qualités. À l'issue des championnats, les bateaux étaient revendus aux clubs avec un tarif intéressant et les clubs ont commencé à s'équiper. C'est comme cela que le Class 8 s'est installé comme monotype de référence pour un paquet d'années. » Benoît Charon se souvient de sa première régate en Class 8, le National disputé à Saint-Malo, sur un bateau que lui avait prêté Lionel Péan : il s'appelait *Lapin Rose* ! Il peut parler aussi de Thierry Orbach qui assurait l'animation de la série, du camion Corum qui était davantage là pour l'ambiance que pour l'assistance technique, avec organisation d'apéros à la clé, et des bateaux prêtés à des coureurs étrangers ou à des fines barres olympiques. Sans parler du rapport performance/prix qui était exceptionnel.
Olivier d'Enquin, qui travaillait alors au service promotion du constructeur,

« Il y avait la volonté de créer des évènements. »

confirme : « Oui, nous étions présents sur les lieux de régate, je crois que j'étais 8 mois sur 12 à l'extérieur du chantier à suivre les régates, les championnats de France et d'Europe de Class 8, mais aussi les défis des ports de pêche ou les défis des chefs, il y avait la volonté de créer des évènements. » Pour les Class 8, le point d'orgue de la saison est le National. « Avec Patrick Ricci, le président de la classe, on s'était fixé comme objectif 100 bateaux sur la ligne de départ. Nous avons réussi cela au Cap d'Agde, en 1992. Mais on flirtait toujours avec les 100, lors des championnats de France à Sète ou à Crozon-Morgat. Nous avions même fait un partenariat avec la SNCF pour que les régatiers de l'Atlantique puissent charger leur Class 8 avec leur remorque sur des trains ! Les bateaux rejoignaient la Méditerranée en train et en gare de Sète nous déchargions les bateaux. » Un procédé vraiment novateur et soucieux de l'environnement avant l'heure.

De la régate école jusqu'au plus haut niveau

De fait, le Class 8 se prêtait à tout : aux régates corporatives comme les premiers trophées des lycéens et au match racing, discipline dans laquelle les bateaux s'affrontent deux par deux sur des parcours très courts. Le bateau était un véritable couteau suisse, il savait tout faire, ce que confirme Benoît Charon : « Beaucoup de gens sont passés en Class 8, tous les clubs avaient du Class 8 : tu enlevais les bastaques et les filières et tu faisais du match racing ; tu remettais les bastaques et les filières et tu te retrouvais sur les lignes de départ avec 80 bateaux et des champions olympiques. » Benoît Charon se souvient d'un championnat de France de match racing en 1988. BENETEAU avait mis 18 Class 8 neufs et 6 First Class 12 sur la finale. « Ça te faisait drôle, tu arrivais de Granville et tu faisais la finale contre Bertrand Pacé (champion du monde de match racing) en First Class 12 ! » Car le Class 8 permettait d'apprendre les bases de la régate dans son club, mais aussi d'affronter des champions du monde de match racing. Autant dire que le bateau a été un support de formation exceptionnel pour des milliers de régatiers. « Tous les ans, de nouveaux jeunes arrivent pour participer au championnat de France espoir et cela marchait super bien, un circuit assez logique se mettait en place : tu te formes, tu fais du match race, et tu finis par faire le Tour de France à la voile. Il y avait une progression logique. »

Les trophées de ports de pêche ont été courus sur différents monotype BENETEAU, ici à bord de First Class Challenge à Port Joinville (île d'Yeu).

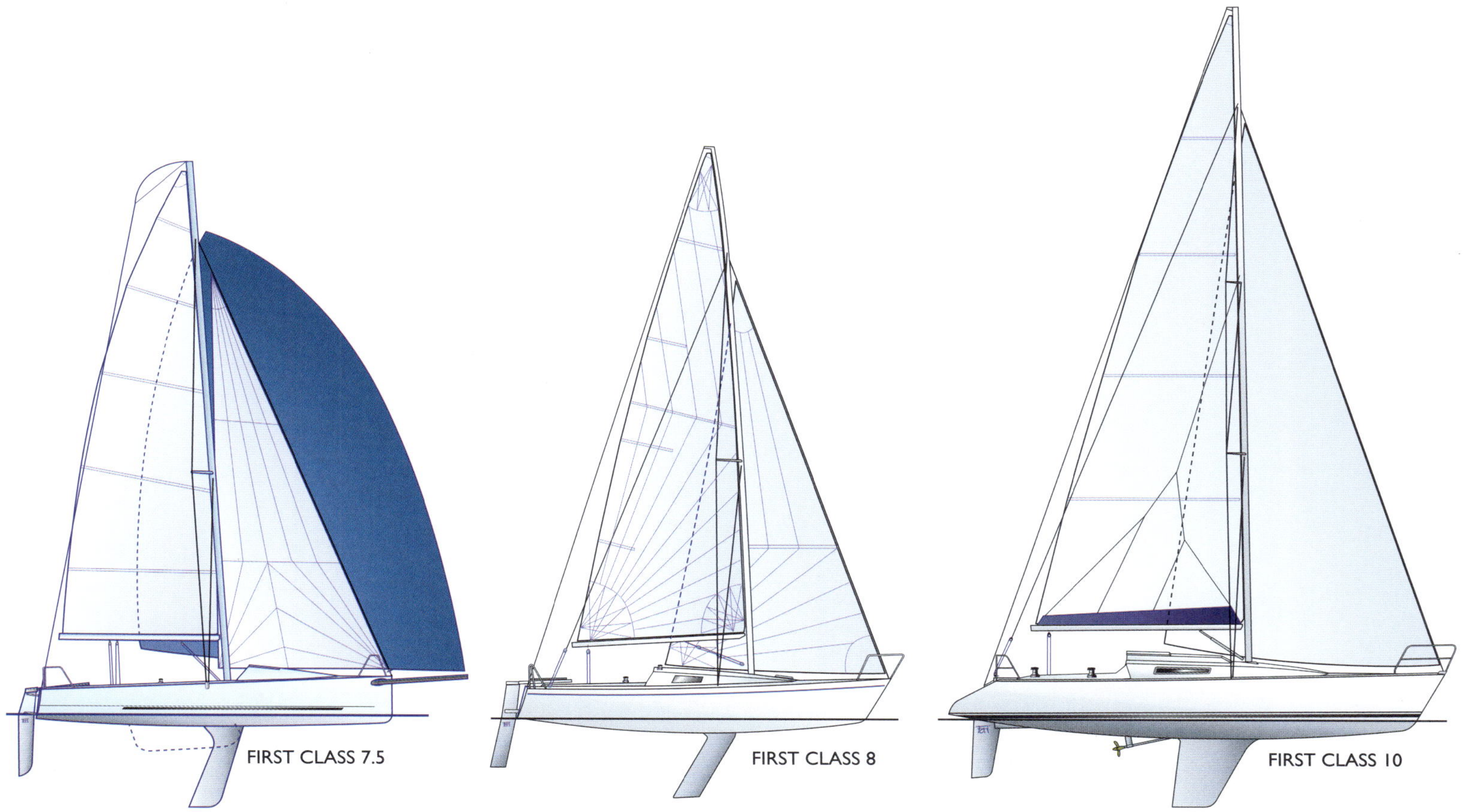

Le First Class 8 (au centre) a été le premier monotype de régate proposé par le Groupe Beneteau mais beaucoup d'autres First Class ont permis de s'affronter à armes égales.

La logique, c'est aussi pour BENETEAU de proposer toute une gamme de monotypes. Au printemps 1983, le chantier annonce la sortie prochaine d'un First Class 10. Toujours signé Finot et Fauroux, il présente des lignes très pures et s'affirme déjà comme le bateau le plus rapide pour sa longueur. Les architectes n'ont volontairement tenu aucun compte des différentes jauges régissant les courses de bateaux pour concevoir une machine légère et apte à planer. Ils ne se sont pas non plus sentis obligés d'offrir la hauteur sous barrot : au diable le confort, les First sont des bateaux polyvalents, mais les First Class ne visent que la régate. Une approche qui séduit bon nombre de régatiers qui souhaitent avant tout s'amuser et avoir des sensations à la barre de leur bateau. Cela n'empêche pas de se confronter aux autres sur des régates classiques en espérant qu'un long bord de portant dans la brise permettra de mettre ses adversaires hors de portée.

Le First Class 12 était le plus grand des First Class. À la différence de ses petits frères, il avait été dessiné pour pouvoir défendre ses chances dans les courses à handicap et éventuellement participer à l'Admiral's Cup.

Le First Class Europe a servi de support aux plus prestigieuses compétitions de match-race. Ici la Kouros Cup, à Saint Tropez, remportée en 1989 par Marc Pajot.

Des First Class de toutes tailles

Dans la foulée du Class 10, BENETEAU propose aussi un First Class 7 qui se révèle très bien adapté aux régates sur plans d'eau protégés. Mais ni le Class 7 ni le Class 10 ne connaîtront une activité monotype aussi riche que celle du Class 8. Il y aura tout de même des régates ne réunissant que des First Class 10 comme l'incroyable « Combat des chefs » imaginé par Bruno Troublé et réunissant le temps d'un week-end à Porquerolles des hommes politiques, des grands patrons et des sportifs de haut niveau. Et ces bateaux se retrouveront en nombre sur des épreuves corporatives (Spi dauphine). La gamme des First Class s'élargit encore avec un bateau très spécial : le First Class 12. Il est directement inspiré par les voiliers qui sortent de l'atelier prototype pour disputer l'Admiral's Cup. Sa construction fait clairement appel aux techniques mises en œuvre sur les bateaux construits à l'unité. Bien sûr coque et pont sont construits en sandwich, mais avec des nappes de tissus de verre unidirectionnel et les membrures sont renforcées par du carbone. Autre particularité, des cloisons construites en sandwich, mais avec une âme en nid d'abeille pour limiter le poids aux extrémités. À la différence des autres First Class, ce monotype ne tourne pas tout à fait le dos à la jauge IOR, qui sert à estimer les performances des bateaux dans les plus grands rendez-vous. D'ailleurs, plusieurs First Class 12 se sont essayés aux sélections de l'équipe de France de l'Admiral's Cup de 1987. On retrouvera aussi ce First Class 12 comme support des plus importantes compétitions de match racing.
Le First Class Europe, qui tire ses premiers bords au printemps 1989, a d'autres ambitions. Ce bateau de 11 m espère bien se faire une place à l'international et pourquoi pas devenir support du Tour de France à la voile ? Il doit remplacer à la fois le First Class 10 et le First Class 12 en étant moins léger que le premier et moins cher que le second, il est plus accessible tout en permettant de régater au large avec un minimum de confort. Si le First Class Europe va bien devenir un support haut de gamme pour les compétitions de match race, si c'est à son bord que se dispute le défi des ports de pêche dès 1989, le Tour de France à la voile restera une chasse gardée de JEANNEAU qui lancera l'année suivante le JOD 35 spécifiquement pour cette épreuve.

Le Mumm 36 a profité de l'expérience de BENETEAU dans la construction de prototypes, le premier exemplaire construit en Vendée a été sacré champion du monde en 1995.

Un super monotype international

Au début des années 1990, le chantier BENETEAU réfléchit à un successeur pour le First Class 8 qui reste toujours de loin le monotype le plus répandu et le plus actif dans l'Hexagone, mais dont les ventes s'essoufflent. Et puis le Class 8, mis à part les pays proches, comme l'Espagne ou la Belgique, n'a pas connu le même succès à l'international. François Chalain revient alors de Nouvelle-Zélande avec les plans d'un bateau qu'il a découvert aux Antipodes. Le Platu 25, dessiné par Bruce Farr, devient le Beneteau 25, un très joli monotype de 7,50 m de long, étroit à la flottaison et très fin à la barre. Le bateau est plus amusant à mener que le Class 8 et beaucoup plus difficile aussi à maîtriser dans la brise. Il touche de fait une clientèle internationale, mais ne réussit pas à détrôner le Class 8 : était-il trop pointu pour une utilisation en clubs ?

> « Le Mumm 36, c'était ce qui se faisait de mieux au niveau de la construction. »

En tout cas, BENETEAU va continuer sa collaboration avec Bruce Farr pour construire un monotype. Et pas n'importe lequel : le Mumm 36, un voilier qui est annoncé en 1993 et qui fera en 1995 partie des équipes qui disputent l'Admiral's Cup. Le bateau a été choisi par le Royal Ocean Racing Club pour devenir le support des épreuves les plus prestigieuses. Ce voilier de 11 m sera construit par quatre constructeurs différents, et c'est le chantier BENETEAU qui est retenu comme constructeur européen de ce monotype international aux côtés de Caroll Marine aux États-Unis, Cookson en Nouvelle-Zélande et Astillero del Estuario en Argentine. « Le Mumm 36, c'était ce qui se faisait de mieux au niveau de la construction, nous étions en face des meilleurs chantiers et les potentiels clients achetaient celui qui était le mieux construit », se souvient Yves Mandin, chef de projets grands bateaux chez BENETEAU. Il ajoute : « Quand l'équipe de Corum naviguait dessus, tu n'avais pas le droit à l'erreur : structure, construction, accastillage,

On a fait un bateau avec eux, qui était un peu un démonstrateur. BENETEAU en Europe, ils avaient un vrai savoir-faire et au sein de l'entreprise, ils avaient une équipe dédiée qu'ils renforçaient à l'occasion. Éric Ingouf avait la possibilité d'aller chercher des spécialistes dans différents services et quand les gars revenaient dans leur unité, ils avaient acquis une notion de process qualité qu'ils pouvaient transmettre. C'est aussi ce qui motivait Annette Roux : avoir une unité de bateau custom, puis de bateau de compétition, mais de série. Les gens impliqués dans ces constructions auront acquis un vrai savoir-faire. »

Le Mumm 36 était un bateau ultra-pointu destiné à des professionnels. Il ne s'en est construit qu'une quinzaine à Saint-Gilles. Mais ce sont des bateaux qui ont couru dans le monde entier, à Hawaï, à Hong Kong, à Key West ou à Cowes en suivant un circuit de régates international. Et ils ont grandement contribué à la réputation de BENETEAU dans le monde de la course comme à l'enrichissement de son expertise en matière de composite, une compétence indispensable quand on entend rester le premier sur son marché.

tout devait être au cordeau. Éric Ingouf surveillait la construction de près. Nous avions une vraie expertise de la construction sous-vide, à l'époque c'était de la technologie de haut vol, ce n'était pas rien de maîtriser ces techniques ni de décrocher un titre de champion du monde avec Corum. » Car Corum est resté fidèle au chantier BENETEAU et c'est sous ce nom qu'un premier Mumm 36 est construit en Vendée. « Nous avons fait confiance à l'équipe qui était là et on a fait un bateau pour Corum avec lequel nous avons couru au moins deux saisons, dont celle de 1995, avec le titre de champion du monde à Cowes. Ce championnat du monde réunissait les acteurs de la coupe de l'America.

Le Beneteau 25, lancé en 1996, est un plan Farr que François Chalain avait repéré en Nouvelle-Zélande. Plus fin que le First Class 8, ce monotype est plus à son aise sur plans d'eau protégés.

BERRET
STARCK

DESIGN ET PERFORMANCE

L'évènement du salon de Paris en janvier 1987, c'est le lancement du First 35s5 auquel on décerne le titre de Voilier de l'année. Ici célébré par Annette Roux en compagnie de l'architecte Jean Berret (2e à droite) et du célèbre designer Philippe Starck (à droite).

La surprise du chef

En janvier 1988, le Salon nautique de Paris se tenait pour la dernière fois sous l'immense voûte en béton du CNIT. Rien que cette dernière justifiait le déplacement, mais il y avait mieux encore : un nouveau bateau qui allait beaucoup faire parler de lui, le First 35s5. Et pour cause, il a été dessiné par Jean Berret, mais avec le travail d'un designer, et quel designer ! Le célèbre Philippe Starck, aussi connu pour son presse-agrume révolutionnaire que pour sa décoration du café Costes ou des appartements privés du palais de l'Élysée. Mais que diable allait-il pouvoir faire dans un voilier de course-croisière dont on attend surtout de la performance ?

Le First 35s5 se distinguait sur l'eau par ses curieux hublots semi-zénithaux surmontés d'une main courante et par sa grande jupe arrière.

La réponse est évidente pour qui découvre le First 35s5 : il est différent, et ce n'est pas qu'une affaire de décoration. Il y a d'abord ces étonnants hublots semi-zénithaux moulés à la forme du rouf et qui saluent le passage d'une longue main courante en inox qui souligne le dessin du rouf en sifflet. On remarque une très élégante barre franche en carbone, mais aussi, c'est plus discret et c'est nouveau, la présence d'un carénage – on parle de faux-pont qui masque le retour des manœuvres depuis le pied de mât jusqu'au cockpit. Le pont se termine par une très grande jupe arrière, mais la plus grande surprise du visiteur est à découvrir en franchissant la descente : Philippe Starck a opté pour des matériaux nobles, affirmant le caractère luxueux et exclusif d'un voilier. Les ébénisteries sont en acajou très rouge, le plan de travail de la cuisine est habillé de marbre blanc et les pieds de la table comme les fargues sont réalisés en aluminium brossé. Olivier Racoupeau qui travaillait avec Jean Berret se souvient : « À l'époque, un bateau c'était très fonctionnel, la fonction primait. Philippe Starck a fait entrer du subjectif : la barre carbone, les coussins d'un blanc immaculé, ça poussait le bateau dans le domaine du luxe, c'était une belle avancée. Son travail venait comme une surcouche sur notre dessin, il n'y avait pas de conflit entre le designer et l'architecte, mais en revanche, ça faisait réagir. »

La communication souligne la capacité d'innovation du chantier, une volonté toujours affirmée qui permet à BENETEAU d'assumer une position de leader sur le marché mondial.

Bénéteau. Choisir d'être devant.

L'avenir n'existe pas. C'est à nous de l'inventer. En 1977, le lancement du First 30 marque le renouveau de la plaisance et impose le concept du "course croisière" dans le monde entier. En 1986, en créant les Océanis, Bénéteau précède les désirs secrets des plaisanciers : la voile loisir est née.

Aujourd'hui, Bénéteau décide, une fois encore, de repousser les limites. Et choisit d'être devant. Loin devant. Avec les nouveaux First® 5.

Quand on est leader mondial, on se doit de montrer le chemin.

BENETEAU

En janvier 1989, la nouveauté est l'arrivée du designer automobile Pininfarina qui signe avec Bruce Farr le 45f5 présenté Porte de Versailles.

Les avis sont partagés

Cette nouvelle esthétique n'est pas du goût de tout le monde et les visiteurs forment très rapidement deux clans : ceux qui adorent et ceux qui détestent. Au milieu des journalistes qui découvrent le bateau lors de la journée presse, Philippe Starck vaporise du parfum en affirmant à qui veut bien l'entendre qu'un tel bateau mérite du Chanel ! Autant dire que le 35s5 (10,60 m) est l'attraction majeure et le premier sujet de conversation du salon. Et il est désigné « bateau de l'année 1988 ». Chacun veut le voir pour se faire un avis. Cette ébullition médiatique est déjà une réussite pour les dirigeants de BENETEAU qui souhaitent tourner le plus rapidement possible la page de la crise de l'osmose qui a concerné beaucoup de First : 450 bateaux ont été touchés à la suite d'un changement de formulation d'un catalyseur par un fournisseur ! Des petites bulles apparaissaient sur la carène qui nécessitait un traitement lourd pour retrouver sa surface d'origine. Le chantier assume vis-à-vis de ses clients et s'engage en 1987 dans une longue bataille judiciaire contre son fournisseur de résine avant d'obtenir gain de cause. Mais quel soulagement que les discussions autour du salon ne soient plus centrées sur « la maladie du plastique ». Encore une fois, c'est François Chalain, le numéro 2 du chantier, qui a eu l'idée de s'adresser au célèbre designer. La petite histoire raconte que c'est à l'occasion d'un reportage d'une équipe de télévision régionale au chantier que François Chalain découvre que le journaliste est le frère de Starck et que ce dernier l'encourage à contacter le designer en lui précisant qu'il est « fou de bateau ». Ce qui sera fou, c'est qu'avant de travailler le dessin des aménagements de ce nouveau bateau, Philippe Starck a obtenu que BENETEAU lui livre un First dans la cour de sa maison de Montfort-l'Amaury (Yvelines) afin qu'il puisse y vivre une semaine (certains disent même un mois !) pour appréhender de façon concrète l'espace du bord. Le lancement du 35s5 est un succès. D'autant que le chantier propose aussi des aménagements intérieurs traités de manière plus classique (en teck) qui auront finalement la faveur d'une majorité d'acheteurs. Le bateau va servir de support au prochain trophée Glénans des entreprises et l'école de voile de haute mer de Marc Linski a passé commande. Le pari de faire travailler un designer est réussi, au moins à terre. Mais sur l'eau, comment ce bateau va-t-il se comporter ?

La griffe italienne

Première réponse au Spi Ouest-France où le 35s5 l'emporte dans sa catégorie, chez les croiseurs à handicap. Il est très vite suivi d'un petit frère,

Comme tout First qui se respecte, le 45f5 a été engagé en course. Avec succès.

Fruit de la collaboration Berret-Starck, le 41s5 se distingue par son pont aux formes très douces.

toujours cosigné par Jean Berret et Philippe Starck, un 32s5 (9,80 m) qui, barré par François Chalain, s'impose dès sa mise à l'eau lors de la Semaine de La Rochelle. Et le chantier qui annonce que les First s5 ont « 10 ans d'avance » continue de battre le fer et présente le First 41s5 (12,30 m) au Salon de Paris un an après le 35s5. Quelques mois plus tard, les visiteurs du grand pavois de La Rochelle découvrent le First 38s5 (11,50 m). Un renouvellement de gamme ultrarapide, mais une autre surprise attend les visiteurs du Salon de Paris 1989 qui se tient dorénavant en décembre Porte de Versailles : le First 45f5, dessiné conjointement par l'architecte Bruce Farr et le designer italien Pininfarina, plus connu pour ses dessins de voiture (Ferrari entre autres) que de bateaux. Au départ, c'est un visiteur italien du Salon qui faisait à Madame Roux la remarque que tous les bateaux se ressemblent… Il travaillait chez Pininfarina et voilà comment l'affaire s'est faite. Le bateau de 14 m en impose et pas seulement par sa taille ; il se distingue visuellement par une étroite bande de plexi vert, quelque 20 cm sous le liston qui intègre de discrets hublots de coque et par un tableau arrière très arrondi. Le succès est immédiat : à la clôture du Salon nautique, 100 commandes ont été prises ! Et puisque c'est un First, c'est aussi un voilier performant. À l'issue de sa première saison de course, le 45s5 *Cap Sogea* skippé par le Cherbourgeois Jean-Yves Furic a pratiquement remporté toutes les courses auxquelles il a participé, depuis le Spi Ouest-France jusqu'à la Nioulargue. « Le 45f5 a été un immense succès et le 53 pieds (16 m) s'imposait », raconte Yves Mandin. Et comme on ne change pas une équipe qui gagne, la collaboration continue avec Bruce Farr et Pininfarina. « Ils amenaient le design, nous faisions les plans de pont, mais ils apportaient la

Le célèbre designer automobile Sergio Pinninfarina en compagnie de Madame Annette Roux.

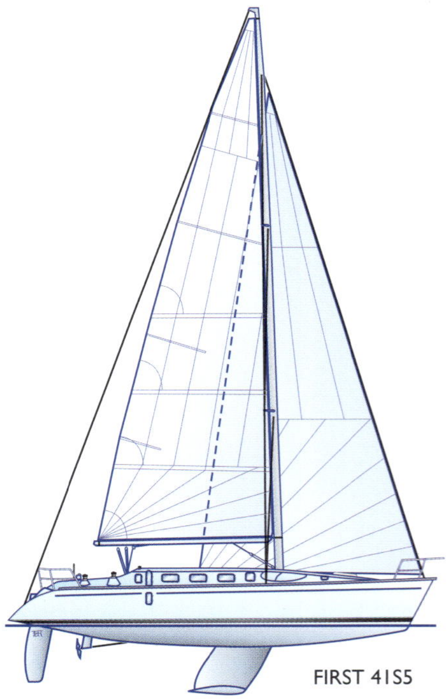

FIRST 41S5

First 41s5. Le design est visible sur le pont et dans les emménagements. Mais la carène et les appendices sont toujours dessinés par les hommes de l'art.

First 53f5. Des petits hublots zénithaux sur le sommet du rouf sont intégrés dans une bande en plexi vert, comme les hublots de coque. La jupe arrière a laissé place à une plateforme qui ne se déplie qu'au mouillage.

touche caractéristique du pont et de la jupe. Les aménagements privilégiaient les ovales, les formes courbes, ajoute Yves Mandin, notre bureau d'études planchait dur pour faire des cloisons en bois moulé cintré, intégrer des mains courantes gainées de cuir. Il y avait le style global et les petites touches de luxe qu'il fallait être capable de faire. » Les chantiers BENETEAU peuvent se targuer d'avoir été les premiers à être allés chercher des designers étrangers au nautisme, qui apportait une vraie touche de fraîcheur et soulignaient le caractère innovant de la marque. Avec ces séries des First « s », designés par Philippe Starck et First « f » associant Bruce Farr et Pininfarina, BENETEAU souligne les aspects esthétiques et émotionnels qui valorisent le bateau comme objet de luxe, mais n'oublie pas pour autant ses fondamentaux : un First doit d'abord se faire remarquer par ses performances. « Le deuxième et le quatrième bateau de la série étaient des versions courses et nous avons appris à travers eux ce qui tenait et ce qui ne tenait pas. Ils étaient préparés avec soin, mais ils n'étaient pas construits spécifiquement. On fait des bateaux qui vont vite pour tout le monde et pas des prototypes différents de la série », ajoute Yves Mandin. L'un de ces bateaux est confié à Jean-Yves Furic qui remporte aussitôt le Spi Ouest-France avant d'aller faire une véritable razzia dans les courses en Manche. À la fin de la saison, rebelote : après le First 45s5, c'est au tour du First 53f5 d'être sacré champion et Yacht of the Year par le R.O.R.C. Le chantier Vendéen peut se permettre d'affirmer sur des doubles pages de publicité : « La vitesse n'a jamais été aussi belle ! »

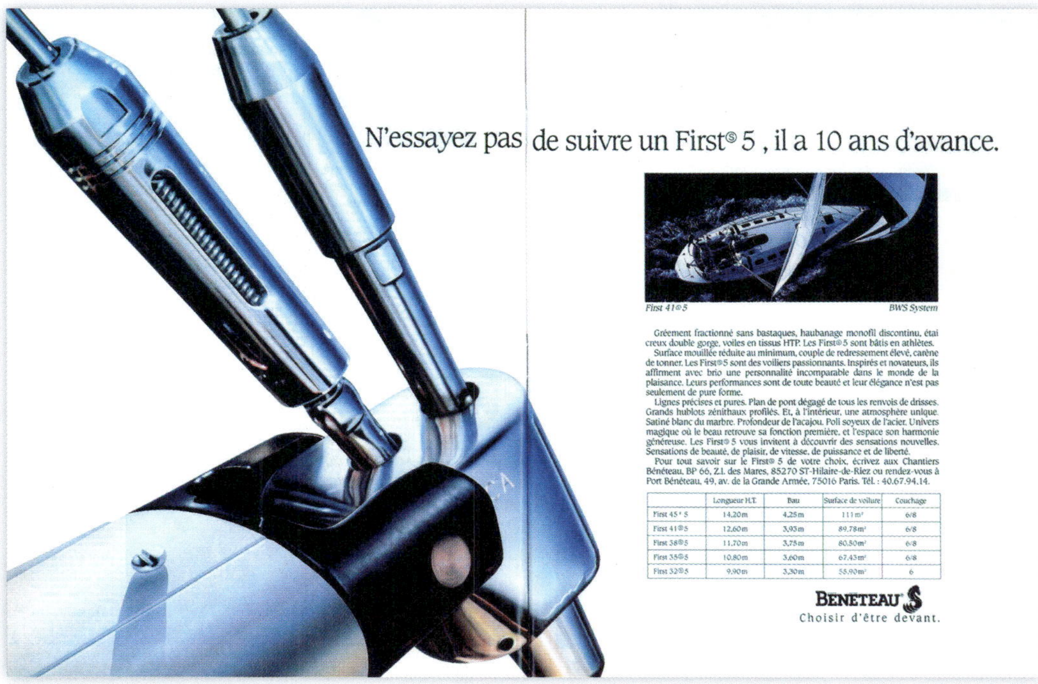

En deux ans, les nouveau First s5 ont renouvelé l'ensemble de la gamme.

BENETEAU

LE FIGARO BENETEAU

Le renouveau d'une course de légende

La Solitaire du Figaro est une épreuve unique. Une spécialité française qui a formé les plus grands navigateurs qui s'attaquent ensuite à la Route du Rhum ou au Vendée Globe. Elle consiste en une succession de trois ou quatre étapes, chacune longue de trois ou quatre jours entre les côtes bretonnes, irlandaises et espagnoles. À sa création en 1970, elle s'appelait la Course de l'Aurore, du nom d'un grand quotidien national (racheté plus tard par *Le Figaro*). Et c'est précisément sur cette course en solitaire que BENETEAU a acquis ses galons de constructeur de voiliers de course en y alignant dès sa sortie le premier des First. Mais à la fin des années 1980, la Solitaire du Figaro s'essouffle. Pour gagner cette course, il est nécessaire de disposer d'un prototype récent et le coût élevé de ces bateaux trop rapidement démodés limite le nombre de participants et l'intérêt des sponsors.

Spectaculaire « planté » d'un Figaro solo mené par Jean Le Cam au portant dans la brise. Quand on dit que ces bateaux sont mis à rude épreuve, ce n'est pas seulement une formule de style.

À l'initiative de la classe, un concours de plans est lancé pour construire un monotype qui permettra à tous les coureurs de se battre à armes égales, un moyen de relancer l'attrait pour cette course tout en limitant les investissements nécessaires. BENETEAU est bien évidemment sur les rangs et s'associe à l'architecte Jean Berret pour soumettre un projet. Mais les coureurs retiennent celui de Jean-Marie Finot. Ce n'est pas un souci pour BENETEAU qui récupère le projet Figaro retenu qui sera finalement signé des deux architectes. « Je n'ai pas été très aimable, se souvient Jean-Marie Finot, les coureurs avaient préféré mon projet et je n'ai pas voulu que Berret le modifie, je lui ai laissé le safran ! » Le nouveau bateau mesure 9,14 m de long : il est particulièrement long à la flottaison, et surtout, il est équipé de ballasts pour naviguer dans la brise. Ces grands réservoirs de 200 litres, placés sous le pont de chaque côté du bateau, permettent de naviguer en solitaire comme si l'on disposait de trois équipiers au rappel. Le Figaro Solo est aussi caractérisé par un mât impressionnant qui permet de porter un maximum de toile.

« Normalement ce qui fait la différence, c'est le marin et son jeu de voile. »

L'arrivée du nouveau bateau ouvre le jeu si l'on en croit Michel Desjoyeaux, triple vainqueur de l'épreuve : « La monotypie a tout changé. À l'époque des half-tonner, si tu avais réussi à décrocher un budget assez tôt, tu pouvais louer le bon bateau et tu avais fait une grosse partie du boulot. Il n'y avait pas plus d'une dizaine de bateaux

Trois générations de Figaro Beneteau ont disputé la Solitaire, Par rapport au Figaro Solo, le Figaro 2 bénéficie d'une construction en sandwich et d'un mât en carbone. Le Figaro 3 est équipé d'un bout-dehors fixe et de foils.

capables de prétendre à la victoire. Donc forcément, avec l'arrivée de la monotypie, chacun avait le même bateau même s'il y avait du travail à faire dessus, parce que la monotypie n'était pas encore assez rigoureuse ni dans la réalisation du bateau, ni dans la règle, ni même dans l'application de la règle. Normalement ce qui fait la différence, c'est le marin et son jeu de voile. »

Assistance tous risques

Les premiers « First Class Figaro Solo » s'affrontent au printemps 1990 dans le contexte d'un Spi Ouest-France particulièrement musclé. Alors qu'il est mené en équipage, l'animal se révèle particulièrement difficile à dompter sur les bords de portants. Au point que certains s'inquiètent de devoir le mener en solitaire dans la brise. Mais la grande classique du mois d'août démontre que le nouveau bateau est un outil formidable pour régater et qu'il va sensiblement plus vite que les half-tonner qui y disputaient leur dernière Solitaire aux côtés du nouveau monotype.

Pour être sûr que tout se passe bien, un voilier BENETEAU mené par Éric Ingouf accompagne la Solitaire. Jean-Michel Crochet, un ancien marin-pêcheur devenu préparateur chez BENETEAU, était à bord : « Dès le mois d'avril, je commençais à préparer le bateau pour accompagner la Solitaire, d'abord un First 45f5 puis un 53f5. On embarquait pas mal de matériel de rechange, y compris des mâts que l'on installait dans le gréement, je les attachais au niveau des barres de flèche. En plus des mâts, nous avions aussi beaucoup

Michel Desjoyeaux et Roland Jourdain à l'entraînement à bord d'un Figaro Solo à Port-la-Forêt.

MICHEL DESJOYEAUX

Unique marin à avoir remporté deux fois le Vendée Globe, Michel Desjoyeaux partage une longue histoire avec le chantier BENETEAU.

Il participe pour la première fois à la course du Figaro en 1990, l'année où entrent en scène les premiers First class Figaro Solo. C'est à cette époque qu'il se lie d'amitié avec Éric Ingouf qui accompagne la course pour le chantier. Quatrième et premier bizuth en 1990, il termine à la seconde place l'année suivante et l'emporte pour la première fois dès 1992 avant de récidiver en 1995. Il reste très longtemps fidèle à la course, malgré ses participations à la Route du Rhum (victoire en 2002 sur le trimaran *Géant*) ou au Vendée Globe (victoire en 2000-2001 à bord de *PRB* puis en 2007-2008 à bord de *Foncia*). C'est d'ailleurs en 2007, à bord d'un Figaro 2, qu'il remporte la Solitaire pour la troisième fois, avant de s'élancer pour son second Vendée Globe. Toujours féru de nouveautés, il participe encore à la Solitaire en 2019, pour la première édition courue à bord du Figaro 3.

Michel Desjoyeaux à la barre d'un Figaro 3 en 2019. Le triple vainqueur de la Solitaire a couru son premier Figaro l'année de l'arrivée du premier Figaro BENETEAU.

de pièces détachées, de gréement courant (cordages en tous genres), je m'occupais de vendre les pièces et de récupérer l'argent ensuite, c'était ça le plus compliqué ! Nous étions chargés, car nous embarquions aussi des sacs de nourriture, des journalistes, plus quelques sacs de concurrents pour leur rendre service. » Pierre Follenfant, coureur expérimenté, confirme : « Je connaissais Éric Ingouf depuis longtemps et le bateau chantier me faisait à moitié mon assistance, je lui confiais des sacs. Ensuite, je suis devenu directeur de course. »
Le bateau assistance était-il beaucoup sollicité ? Pas tant que cela, d'après Jean-Michel Crochet : « Les premières années quand les mâts étaient tenus par des bastaques, les gréements étaient plus fragiles, ensuite la série a adopté un mât moins haut et de plus grosse section. » L'équipe du chantier est aussi intervenue pour des fuites de ballast, mais Jean-Michel se souvient aussi des problèmes de gouvernail au lancement de la série : « Au tout début les safrans n'étaient pas équipés de palier auto-alignant et sur les bateaux où cela n'avait pas été changé, il arrivait que le safran se bloque. Je me souviens avec Éric Ingouf avoir dû, lors d'une étape, vider le bateau d'un concurrent, démonter le safran, mettre des paliers neufs et les restratifier, puis remettre le bateau à l'eau, une vérification des fuites, un coup de peinture et roule ma poule ! »

La naissance des centres d'entraînement

Le plus important changement intervenu sur le Figaro Solo est le changement du mât pour un gréement plus facile à gérer en solitaire (adieu les bastaques) et plus solide. Mais surtout, avec l'arrivée du monotype, la préparation des coureurs change et c'est à ce moment que se crée le centre d'entraînement de Port-la-Forêt. En mutualisant leurs moyens et en comparant leurs performances, les coureurs du Finistère vont tracer la voie de la formation des marins modernes, et permettre à une nouvelle génération d'accéder au sommet de la discipline. Les Michel Desjoyeaux, Marc Guillemot, Roland Jourdain et Jean Le Cam en seront les plus brillants représentants avant d'être rejoints par Franck Cammas, Charles Caudrelier, Armel Le Cleac'h ou François Gabart.

Le premier Class Figaro a répondu à toutes les attentes, et a aussi permis l'organisation de courses transatlantiques en double au départ de Lorient puis de Concarneau. Quand on parle de course au large, on ne plaisante pas ! Avec une préparation de plus en plus poussée et un niveau à la hausse, le circuit s'est largement professionnalisé, devenant une véritable école de formation pour les candidats au Vendée Globe. Pour Michel Desjoyeaux, faire le Figaro est un préalable indispensable avant de rêver de tour de monde en course : « Ça devrait être obligatoire, c'est le premier conseil que je donne à tous ceux qui veulent faire le Vendée Globe, et qu'ils ne me disent pas qu'ils n'ont pas le temps ou que cela coûte trop cher. En termes de temps, on ne peut pas dire qu'un IMOCA navigue trois cents jours par an donc tu peux faire

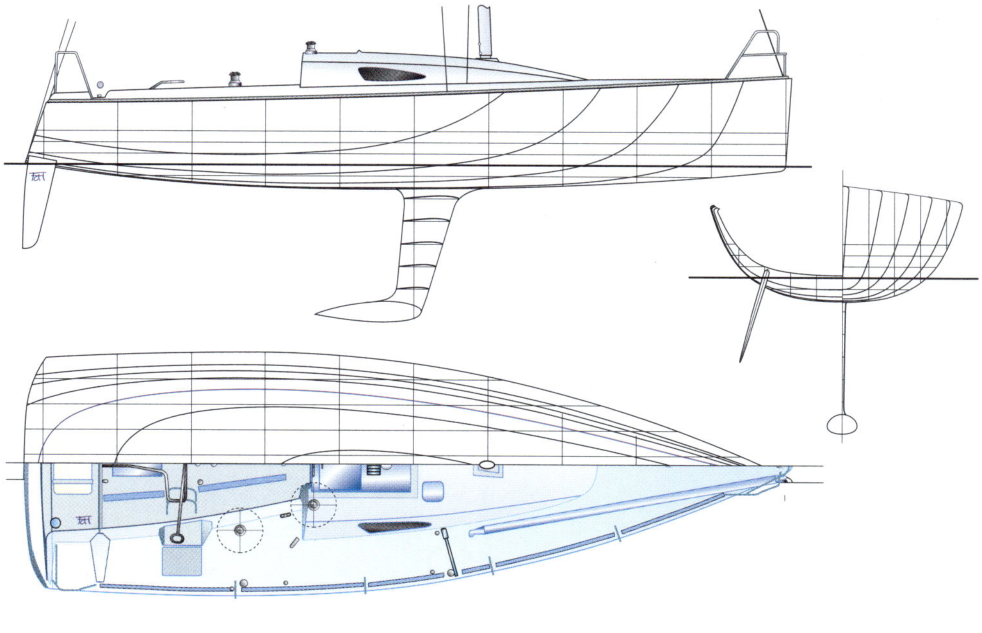

Le plan de forme du Figaro 2 témoigne d'une recherche de la longueur à la flottaison maximale, d'une grande stabilité de forme, synonyme de puissance mais aussi d'appendices très étroits.

le Figaro. J'en faisais un tous les deux ans quand je faisais de la course au large. Je me souviens que, lors de mon deuxième Vendée Globe, au moment où je dépasse Samantha Davies, elle m'envoie un petit message depuis *Roxy* et me dit : "Heureusement que j'ai fait le Figaro, il y a tellement de choses que je n'aurai pas su gérer." Prendre une bâche en Figaro, ce n'est pas très grave. Tu vas apprendre tellement de choses sur toi que tu seras à l'aise après pour arriver en IMOCA. C'est un incontournable, tout ce que tu as appris en solo sur toi-même et sur la navigation en solo va te servir. »

Après plus de dix années de bons et loyaux services, les coureurs du Figaro souhaitent passer sur un voilier plus moderne et plus rapide. À nouveau un concours est lancé. Et c'est le cabinet de Marc Lombard qui remporte l'appel. Éric Levet, le plus proche collaborateur de Marc, se souvient : « On s'est retrouvé à défendre le projet devant les coureurs de la commission nouveau monotype. Nous avons proposé un bateau avec deux safrans qui ne faisait pas l'unanimité, mais nous pensions que c'était un vrai avantage pour naviguer au large et dans la brise. Beaucoup de coureurs voulaient une quille basculante et un bout-dehors pour porter un spi asymétrique, mais nous apportions déjà une quille en plomb et un mât carbone. Le bateau devait aussi être long, au moins 10 m pour respecter la législation de l'époque et pouvoir faire des transats sans problème administratif. »

Une deuxième génération pour durer

De fait, ce Figaro 2 présente une réelle avancée technologique par rapport au premier du nom : le bateau est bi-safran et le gréement est en carbone, mais surtout la coque et les cloisons sont construites en sandwich et en infusion, une méthode qui consiste à assembler tous les tissus d'un composite à sec, puis à faire le vide à l'aide d'une grande bâche avant de laisser pénétrer la résine. « C'était le début de l'infusion chez BENETEAU, raconte Éric Levet, et Éric Ingouf, qui avait réalisé les Mumm 36, disposait de l'expérience nécessaire pour gérer la construction de ce nouveau bateau. »

Ce qui était nouveau aussi, c'était le contrôle des poids au niveau de la fabrication des différents éléments du bateau, le contrôle des profils de quille également, architectes et constructeurs ayant travaillé avec les jaugeurs. « Il ne suffit pas que les bateaux sortent du même moule », explique Michel Desjoyeaux. « Aujourd'hui, la troisième génération de Figaro Beneteau présente une monotypie beaucoup plus rigoureuse que la génération de 1990. Cela s'est fait petit à petit. On a décidé qu'il fallait mesurer les quilles, peser les bateaux, s'assurer que les gréements soient bien identiques… »

Yoann Richomme

En 2023 et 2024, les Figaro 3 ont servi de support pour le Tourvoile, afin d'encourager la formation de jeunes équipiers à la course au large.

Le Figaro 2 a eu une carrière exceptionnellement longue sur la Solitaire, de 2003 à 2018, et à nouveau la classe a souhaité renouveler le support. Cette fois-ci en mettant en concurrence trois équipes d'architectes. Le choix s'est porté sur un bateau un peu plus court que le Figaro 2, et sans ballast, mais équipé de foils. Le Figaro 3, dessiné par VPLP, est toujours construit par le chantier BENETEAU. Yoann Richomme, le vainqueur du Figaro en 2016 et 2019, nous explique la longue gestation de ce bateau : « On avait lancé ce projet de Figaro 3 à Bordeaux en 2013, au départ de la Solitaire. On avait fait un vote pour engager des discussions avec BENETEAU et une réflexion sur le cahier des charges du bateau. Une fois les critères bien définis, nous avons mis en place un concours d'architectes. Et quand le projet est sélectionné, je surveille le processus de design et de choix d'équipement pour la classe. BENETEAU est dans la boucle très tôt avec Éric Ingouf qui initie le projet puis Marc Vaillier qui le récupère, nous avons aussi discuté avec Gianguido Girotti, alors directeur général de la marque BENETEAU. »
Yoann Richomme reconnaît que le bateau a eu la chance de pouvoir bénéficier d'un site de production dédié, à Cheviré sur l'ancien site de Jeanneau Techniques Avancées : « Ce n'est pas rien, il y avait des gens qui étaient à 100 % concentrés sur le bateau, beaucoup de points positifs au final. »

« Les bateaux ont été attribués par tirage au sort. »

Dans le cas de ce bateau, les exigences en matière de monotypie sont très fortes : « Les outillages (les moules) doivent être parfaits, les tolérances acceptées entre deux pièces sont beaucoup plus faibles, il y a des méthodes plus rigoureuses, des temps de pause à respecter… » C'est sûrement dans ce domaine que l'évolution est la plus marquante avec le premier Figaro Beneteau. Michel Desjoyeaux veut bien en témoigner : « Tout cela s'est fait petit à petit, jusqu'au Figaro 3 où BENETEAU s'est décidé à construire 55 bateaux et les mettre sur parking avant de les livrer. Avant on essayait d'éviter d'avoir les dix premiers, on se disait qu'il devait y avoir des disparités, on évitait aussi les dix derniers parce qu'on imaginait que les stratifieurs n'y portaient plus la même attention. Ils ont pris le contre-pied de tous ces comportements et les bateaux ont été attribués par tirage au sort. »
Les concurrents de la Solitaire du Figaro naviguent maintenant sur des bateaux à foils. Comme les IMOCA du Vendée Globe. Et le Figaro 3 sert aussi de support depuis 2023 pour le Tour Voile qui forme de futurs champions à la course au large, de quoi assurer un vivier de régatiers de haut niveau pour les vingt prochaines années…

FIRST 51
First Lady
FIRST LADY

EN COURSE AUTOUR DU MONDE

Le First 51, bateau amiral de la gamme First, va être choisi pour emmener un équipage de postier disputer la course autour du monde en équipage. Une aventure extraordinaire.

L'appel du grand large

Dès la sortie du premier First, l'appel du large, et même du grand large, s'est fait ressentir : le First 30 sort en 1977, et en 1978, quel est le plus petit bateau de la Route du Rhum ? Un First 30 évidemment. Il a même été rallongé pour pouvoir participer à cette première transat française. Le skipper, Yves Gautier, sera malheureusement contraint d'abandonner en relâchant aux Açores. Un an plus tard, ce sont deux First 22 qui s'engagent dans une autre transat en solitaire, mais réservée aux bateaux de moins de 6,50 m. Inventée par Bob Salmon, un Anglais qui a voulu réagir à la course au gigantisme lancée par les Français, cette mini-transat qui fait étape aux Canaries amène les concurrents jusqu'à Antigua, au nord des petites Antilles.

LA ROCHELLE-LA NOUVELLE ORLÉANS EN FIRST 42

C'EST LE SWING, C'EST LE BLUES... C'EST LA COURSE !

par Yvan Griboval
photos de l'auteur

Comme un quintet de jazz sous la direction d'Eole, les quatre garçons et la fille de Maison Phénix ont alterné swing et blues pendant 38 jours, sur le parcours de la course La Rochelle-La Nouvelle-Orléans. Dans les grands swings des surfs de la mer des Caraïbes, leur First 42 fonçait vers le paradis du jazz. Puis, à 220 milles de l'arrivée, le blues a définitivement pris la barre. Eole, décidément, leur avait réservé une drôle de partition ! Yvan, le leader du groupe, interprète cette mélodie de 5 500 milles.

C'est le dernier soubresaut de la dépression tropicale : une sévère bastonnade de force 9 à 10 pendant plusieurs heures. Heureusement, nous sommes au plein vent arrière. L'inter tangonné et la grand-voile haute cèdent la place au seul tourmentin !

En 1982, Yvan Griboval est présent avec trois équipiers au départ de la course La Rochelle-La Nouvelle-Orléans à la barre d'un First 42.

Pour s'aligner, Éric Legendre n'a pas dû rallonger son bateau, mais au contraire le raccourcir de quelques centimètres. Il avait aussi installé un mât un peu plus haut et un peu plus costaud que d'origine. Et il est allé au bout de sa course, tout comme André Milliner, même si leur petit First n'avait pas franchement été dessiné pour cela. Un an plus tard, en 1980, on retrouve un First 30 au départ de la fameuse Transat anglaise. Il est mené par un Américain, Jerry Cartwright, qui réussit la traversée en 26 jours, 22 heures et 55 minutes et termine premier de sa catégorie (le Jester Trophy, réservé aux bateaux de moins de 10 m) avant d'être disqualifié. Son bateau s'appelle *Le First*. Et le chantier BENETEAU ne rate pas l'occasion de mettre en avant les qualités du bateau en saluant la victoire (provisoire, hélas) de l'Américain.
En 1981, il n'y aura pas un mais au moins deux bateaux « chantier » au départ de la Twostar, cette transatlantique britannique qui se court aussi entre Plymouth et Newport (USA), mais cette fois-ci en double. Deux First 35 sont engagés dans la classe V, l'un mené par Yvan Griboval et François Carpente, et l'autre par Patrick Eliès et Dominique Hardy. Ils se promettent chacun d'arriver devant l'autre, mais aussi d'aller embêter les deux Sun Fizz construits par le chantier JEANNEAU qui courent dans la

mains de coureurs pour qu'ils soient utilisés à l'extrême, et éventuellement d'expérimenter de nouveaux matériaux. L'idée forte est de faire de la compétition pour faire évoluer le produit, quitte à voir ce qu'il se passe. Il y avait vraiment la volonté de faire évoluer le produit et d'innover. » Les deux First 35 ont seulement été raccourcis de 7 cm pour passer en Classe V et ont surtout bénéficié d'un jeu de voile très complet.

Deux transats en double pour un journaliste

L'année suivante, Yvan Griboval repart en transat, mais cette fois-ci à bord d'un First 42. Deux courses au programme, La Rochelle – La Nouvelle-Orléans en équipage au printemps puis la Route du Rhum 1982. *Maison Phénix* est un bateau de série encore une fois, mais qui bénéficie d'une jupe qui lui offre plus de longueur et d'un jeu de voile spécialement taillé pour l'occasion avec une bôme extra-longue et une grand-voile lattée. Il terminera en Louisiane derrière un autre First 42, trahi par les eaux calmes du golfe du Mexique. Sur la Route du Rhum, il pourra donner la réplique à un Sun Fizz, rallongé lui aussi, mais devra surtout se méfier des trois Sunshine préparés par le chantier des Herbiers. Après une panne de pilote, Yvan Griboval n'a pu qu'assister en spectateur à la victoire de Patrice Carpentier à bord de son Sunshine. En 1983, Yvan Griboval est au départ de la transat en double Lorient-les Bermudes-Lorient à bord d'un First 456. Un arrêt forcé aux Bermudes pour renforcer des attaches de haubans qui montraient des signes de fatigue ne laisse aucune chance de rattraper le principal concurrent, un Sun Kiss du chantier JEANNEAU qui s'empare de la première place. Mais cette transat effectuée par un bateau « chantier » est riche d'enseignements. « En tant que skipper d'usine, j'avais vocation à tester de nouveaux matériaux », explique Yvan Griboval. « Sur mon First 456, j'avais un nouveau tissu de verre et une nouvelle résine. À cette époque, on n'utilise pas encore de kevlar ni de carbone, donc les chantiers jouent sur des nouveaux tissus de verre et sur de nouvelles résines, il faut bien les tester pour en tirer des enseignements. » Le skipper journaliste insiste pour nous préciser que son bateau a bien été construit sur la chaîne de production, l'idée étant de faire évoluer un bateau de série.

catégorie supérieure. Finalement, Patrick Eliès gagne dans sa classe et réussit à s'intercaler entre les deux Sun Fizz, Yvan Griboval arrivant à Newport 16 heures après son sister-ship. La course a été belle, les deux bateaux sont à l'arrivée avec une victoire à la clé. Le bilan est flatteur pour des bateaux préparés au chantier mais de série. Yvan Griboval se souvient : « Le concept était simple : le but du jeu était de mettre le bateau dans les

En 1987, le First 51, (15 m de longueur), est le plus grand First jamais construit. C'est un plan de l'architecte argentin German Frers.

Avec le First 51, le chantier BENETEAU se présente comme un concurrent des chantiers les plus prestigieux, comme le finlandais Nautor, constructeur des célèbres Swan.

Le tour du monde comme terrain de jeu

Le prochain bateau qui sortira des usines BENETEAU pour courir au grand large aura aussi la coque d'un bateau de série. Mais le plan de pont et les aménagements du First 51 (15 m) choisis par Daniel Mallé seront bien particuliers. Il faut dire que le programme de course est plutôt ambitieux : Daniel Mallé projette de faire la célèbre Whitbread, la course autour du monde en équipage et par étapes, avec une équipe exclusivement formée de postiers. Le First 51 est alors le voilier amiral du constructeur. Il ne s'agit pas du seul exemplaire préparé spécifiquement pour la course, avec un pont plus adapté à la manœuvre qu'au farniente et des aménagements simplifiés. Les premiers First 51 construits avaient été livrés à des équipes norvégiennes et néerlandaises pour courir la Sardinia Cup en 1986. Ce First 51, dessiné par German Frers, se distingue par ses deux barres à roues : une innovation venue tout droit de la course et plus précisément de la Coupe de l'America. Mais pour La Poste, il ne s'agira pas de tirer des bords entre trois bouées, mais bien de faire le tour du monde par les trois caps en chevauchant les 40es rugissants et les 50es hurlants. Une bonne préparation est importante, d'autant que l'équipage n'est pas formé de professionnels de la course au large et que le First 51 est le plus petit bateau de la course. Alors La Poste prend part à la Transat des Alizés, un rallye plus qu'une course, mais qui permet à la fois de tester des équipiers, de prendre en main le bateau et de servir de relais pour transmettre les messages des familles restées à terre. Une fois de l'autre côté de l'Atlantique, il va participer aux courses du SORC, en Floride. Où il ne fait pas que de la figuration et remporte même une victoire. Le trajet retour est effectué en mode express, en 21 jours grâce à une grosse dépression qui finira par mettre à mal le safran du bateau qui parvient néanmoins à rallier Pornichet par ses propres moyens. Le bateau enchaîne les transats en course, la Route de la découverte entre Cadix et Saint-Domingue en décembre 1988, puis la transat Lorient-Saint-Barthélemy-Lorient en avril et mai 1989. Et l'équipage de postiers est bien au rendez-vous le 2 septembre 1989 pour prendre le départ d'une course en six étapes dont deux impressionnent : Punta del Este (Uruguay) – Fremantle (Australie) et Auckland (Nouvelle-Zélande) – Punta del Este (Uruguay). Le bateau ne fait pas partie des favoris, mais bénéficie d'un capital sympathie qui ne cessera de croître au fil des étapes. Si le bilan sportif reste modeste, le bateau fait preuve de ses qualités et bénéficie d'un accueil particulier des confrères postiers qui les attendent à chaque escale.

« L'équipage s'était fait peur dans une tempête avant le passage du cap Horn mais la structure n'avait pas cassé. »

Yves Mandin, chef de projet grands bateaux chez BENETEAU, se souvient de son premier travail en arrivant dans la grande maison à l'hiver 1989-1990 : « J'ai dû dessiner une pièce spécifique, une contreplaque en inox pour renforcer les varangues et reprendre les boulons de quille. Le bateau avait souffert et l'équipage s'était fait peur dans une tempête avant le passage du cap Horn mais la structure n'avait pas cassé, il s'agissait plus d'une précaution. » Le « petit » bateau blanc recevra le prix de la volonté et du courage à l'issue de l'étape du Horn. Et se permettra même de finir par une victoire dans sa classe lors de la dernière étape qui ramène les bateaux à Southampton à la fin du mois de mai 1990. Après 181 jours de mer, le bilan est largement positif et Daniel Mallé, le skipper, ne rêve que de repartir autour du monde, mais sur un Maxi cette fois-ci. Une nouvelle aventure commence et il se murmure que BENETEAU pourrait construire ce futur Maxi. Finalement, Daniel Mallé fait équipe avec l'équipe suisse de Pierre Fehlmann et deux bateaux identiques sont construits, pour partie en Suisse et pour partie en France. Au mois de novembre 1992, la coque du Maxi La Poste quitte le chantier Mag pour recevoir ses aménagements, son électronique et son accastillage chez BENETEAU. Ou plutôt chez CNB. Construction Navale Bordeaux, spécialisé dans la construction de grands bateaux à l'unité, venait d'entrer dans le Groupe Beneteau. Le site se prêtait naturellement à ce travail pour lequel l'équipage était présent. Olivier Lafourcade, dirigeant historique de CNB, nous explique la division du travail : « Nous avions la place, mais aussi les équipements pour les manutentions. L'équipage a surtout travaillé sur la pose de l'accastillage, mais la plomberie, la mécanique ou l'installation du réseau électronique était de notre ressort, les aménagements aussi, mais ils étaient minimums. Nous nous sommes mis à la disposition de l'équipe. » Le Maxi La Poste était aussi le premier bateau en composite sur lequel a travaillé CNB qui allait devenir quelques années plus tard, avec l'arrivée des catamarans LAGOON dans leurs murs, un spécialiste des grandes pièces en infusion. On se souvient d'un 104 pieds (32 m) sur plan Frers sorti en 2002 et équipé d'une quille basculante comme un bateau du Vendée Globe, du très spectaculaire Chrisco de 30 m, dessiné par Luca Brenta avec son rouf entièrement vitré et du *Hamilton II* : en 2005, sa coque et son pont de 35 m étaient les plus grandes pièces au monde jamais infusées sous vide en carbone vinylester. L'apport des équipes du Chantier du Groupe Beneteau dédié aux grands multicoques de course au large avait été déterminant dans le passage de l'aluminium au composite.

Pour l'édition 1993-1994,* La Poste *est un maxi de 25 m de long. La pose de l'accastillage et des aménagements a été réalisée par Construction Navale de Bordeaux, chantier du Groupe Beneteau dédié aux grands multicoques.

LA RÉGATE POUR TOUS

La génération des First .7 a donné naissance à de fabuleux bateaux de régate, le First 47.7 en était le voilier amiral.

Une carène qui gagne

Un First, c'est un bateau qui doit gagner ! C'est la définition qu'en donnait le regretté Éric Ingouf, responsable de la gamme First chez BENETEAU. Et pour gagner, les First ont longtemps été déclinés depuis des voiliers de course, à commencer par le premier d'entre eux, le First 30, extrapolé à partir d'un bateau champion du monde. Pour lancer le nouveau First 310, le chantier a l'idée d'exploiter la carène du First Figaro solo qui a été conçu pour la Solitaire du Figaro. Une idée brillante, car cette carène va servir de base à plusieurs générations de voiliers, y compris de purs voiliers de croisière comme les Océanis 300 et 311.

Mais les régatiers s'intéressent bien davantage au First 310. Présenté à l'automne 1990, il est l'archétype du bateau de course-croisière qui a fait la renommée de la marque en proposant des aménagements confortables et en préservant des performances sympathiques. Nous avons demandé à Pascal Conq, qui a dessiné le bateau avec Jean-Marie Finot, comment un bateau de course pouvait faire un bon bateau de croisière : « Ce n'est pas possible avec tous les types de carène », explique l'architecte. « Il faut que celle-ci soit assez creuse pour supporter le poids des aménagements et de l'équipage, et puis, par rapport au Figaro solo, nous avons redessiné le rouf et augmenté de quelques centimètres le franc-bord. » Et voilà comment on conçoit un bateau qui va faire les beaux jours de la course des vieux safrans ou de la Transquadra, une transat réservée aux amateurs de plus de 40 ans et dont la première édition en 1993 a été remportée par Didier Parez à bord d'un 310. Mais le début des années 1990 est aussi marqué par une crise économique internationale qui n'épargne pas la France et fragilise tout le secteur des industries nautiques. Il faut croire que BENETEAU a le nez creux puisque c'est à ce moment que le chantier va proposer un petit bateau qui va connaître une carrière incroyable : le First 210 Spirit. Un petit canot de 6,40 m de long, tout en rondeur, tout sympathique, qui démocratise pour de bon les deux safrans qui équipent tous les bateaux de course Open dessinés par Finot-Conq, ses architectes. Résultat : une stabilité de route incroyable qui permet de lâcher la barre une seconde sans risquer l'accident. Sans parler du confort apporté par un bateau

FIRST 210 SPIRIT

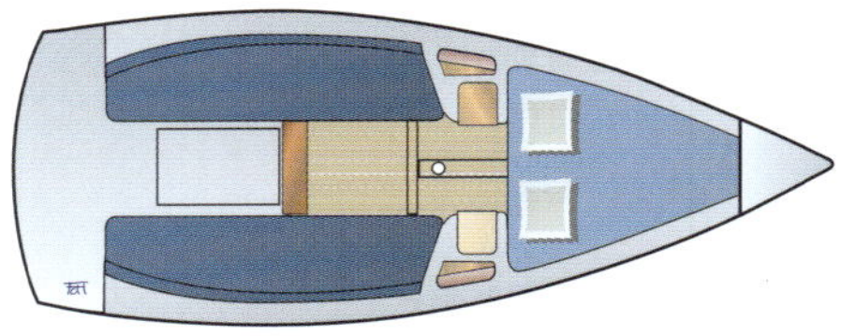

Le First 210 Spirit a été un formidable moteur pour le renouveau des petits croiseurs. Il a été produit à plusieurs milliers d'exemplaires.

Les deux safrans du First 210 Spirit, à la manière des prototypes engagés dans la mini-transat, associaient un très bon contrôle de la trajectoire à un tirant d'eau réduit grâce à la quille relevable. Et le rouf très discret abritait néanmoins quatre couchettes.

Le First 300 spirit, un très joli bateau qui a servi de support à des championnats de match-race. Un authentique course-croisière dans l'esprit du First 30.

puissant (pour sa taille). La course a du bon, même pour un bateau qui a davantage vocation à musarder en bord de plage qu'à enrouler des bouées en course. Ce petit bateau sorti en 1992 était encore au catalogue 15 ans plus tard, en ayant changé d'appellation passant successivement de First 210 Spirit à First 211 puis First 21.7 avant de finir sa carrière sous le nom de First 20. Plus de 3 500 de ces bateaux ont ainsi été construits, sans oublier une version école destinée aux États-Unis avec un cockpit encore plus long et des aménagements minimums. Les différentes générations de 210 ont aussi correspondu à des modifications dans sa construction ou son équipement. Ainsi la construction du pont passe-t-elle en injection lors du lancement du First 211. Le dernier-né, le First 20, adopte un gréement simplifié, sans pataras, qui permet d'établir une grand-voile « à corne », sensiblement plus large en tête de mât, pour doper ses performances dans le petit temps. Et chaque nouvelle version de ce joli petit bateau relançait ses ventes, au point que lorsqu'on vous rappelle « qu'il était insubmersible », on ne sait plus très bien si l'on évoque ses capacités à flotter même plein d'eau ou son incroyable carrière commerciale !

L'esprit First est à l'honneur

Le lancement très réussi du First Spirit 210 annonçait le renouvellement de la gamme des « petits » First et était bientôt suivi par la sortie d'un First 300 Spirit (9 m) et d'un First 260 Spirit (7,60 m). Si les 210 et 260 s'en tiennent à des régates locales, le 300 va bien sûr aller se frotter à des valeurs sûres lors de grands évènements. Parmi les skippers qui bénéficient d'un bateau bien préparé, on retrouve

Le First 210 et devenu 211 quand la construction de son pont a été réalisé en injection. En profitant à chaque fois d'améliorations, il s'est métamorphosé en First 21.7 puis First 20 avec un gréement sans pataras et une grand-voile à corne.

Le First 40.7 a été un énorme succès à l'international, au point que des flottes de régate se sont constituées un peu partout, depuis l'Angleterre jusqu'en Australie. Il a été fabriqué à plus de 800 exemplaires, un record pour un voilier de course croisière de 12 m.

Pierre Follenfant. Le champion qui vient de laisser son Figaro solo à un certain Michel Desjoyeaux est allé demander à François Chalain s'il pouvait lui louer un bateau pour faire la Course EDHEC : « Chalain me rappelle 48 heures après pour me proposer un deal, il veut bien me prêter un First 300 Spirit pour faire la Course EDHEC, mais il aimerait bien que je fasse avec lui le Spi Ouest-France et l'Obélix Trophy. Et c'est à partir de là que j'ai commencé à faire le Spi Ouest-France pour BENETEAU, ça a plu à François Chalain et à Éric Ingouf qui était sur le bateau. » Et c'est ainsi que Pierre Follenfant est devenu en quelque sorte pilote d'usine, passant du First 300 Spirit au 42s7 puis au 40.7, au 36.7 et au 34.7. Une petite dizaine d'années à un poste d'observation privilégié pour suivre l'évolution des First. Avec à la clé quelques titres de champion de France en IRC.

Le chantier prenait soin de confier le bateau à des fines lames, nous confirme Yves Mandin : « On passait le bateau à des mecs qui savaient et François (Chalain, ndlr) avait toujours son bateau chantier pour régater avec son équipage :
un 45s5, le 41s5, le 42s7 mais aussi des 32s5, 36s7, 31.7… à chaque nouveau First, il y avait un bateau propriété du chantier sur lequel François, Éric et une bande de copains allaient régater à la Semaine de La Rochelle ou au Spi Ouest-France. »

Le 300 Spirit était-il trop extrême ? En tout cas, il était très taxé par la jauge de l'époque et sa hauteur

« Il était bien né, bien conçu et vendu au bon prix. »

sous barrot limitée n'incitait pas les amateurs de croisière à se tourner vers lui. Et après la série des First « Spirit » vient le temps des First.7, lancé par le 40.7, un formidable voilier de 12 m signé Bruce Farr qui va connaître un succès incroyable dans le monde entier. « Il y a le fait que le bateau a gagné assez vite », explique Yves Mandin. « Il était bien né, bien conçu et vendu au bon prix. Le réseau en a vendu beaucoup au Royaume-Uni et en Australie, il a eu une renommée internationale très rapidement, on en a vendu au Japon. En tout, on en a fait plus de 800, les derniers pour la Chine. Et il y en a qui gagnent encore ! »

Du 31.7 au 47.7, pour les mordus de régate

Autre série à succès, le First 31.7 qui reprend la fameuse carène du Figaro solo, celle qui a déjà été utilisée pour le First 310. Et ce 31.7 trouve le bon équilibre entre performance et confort. C'est un bateau qui court avec des résultats et qui sera diffusé à près de 1 400 exemplaires. Un carton. Et si sa production a cessé en 2010, le 31.7 est encore une série très active en régate et peut s'honorer d'avoir son propre classement au Spi Ouest-France, les bateaux sont amoureusement entretenus par des propriétaires passionnés. Ils savent qu'ils peuvent l'utiliser pour courir en solitaire comme en équipage, mais aussi pour partir en croisière.

Mais à côté de ces bateaux à grande diffusion, BENETEAU soigne aussi sa communication en allant chercher des victoires de prestige sur les épreuves les plus renommées. Les temps changent et les cadres du chantier qui

Le First 31.7 a été dessiné par le Groupe Finot, le 33.7 par Jean Berret et le 47.7 par Bruce Farr mais les trois bateaux proposaient un même compromis entre régate et croisière.

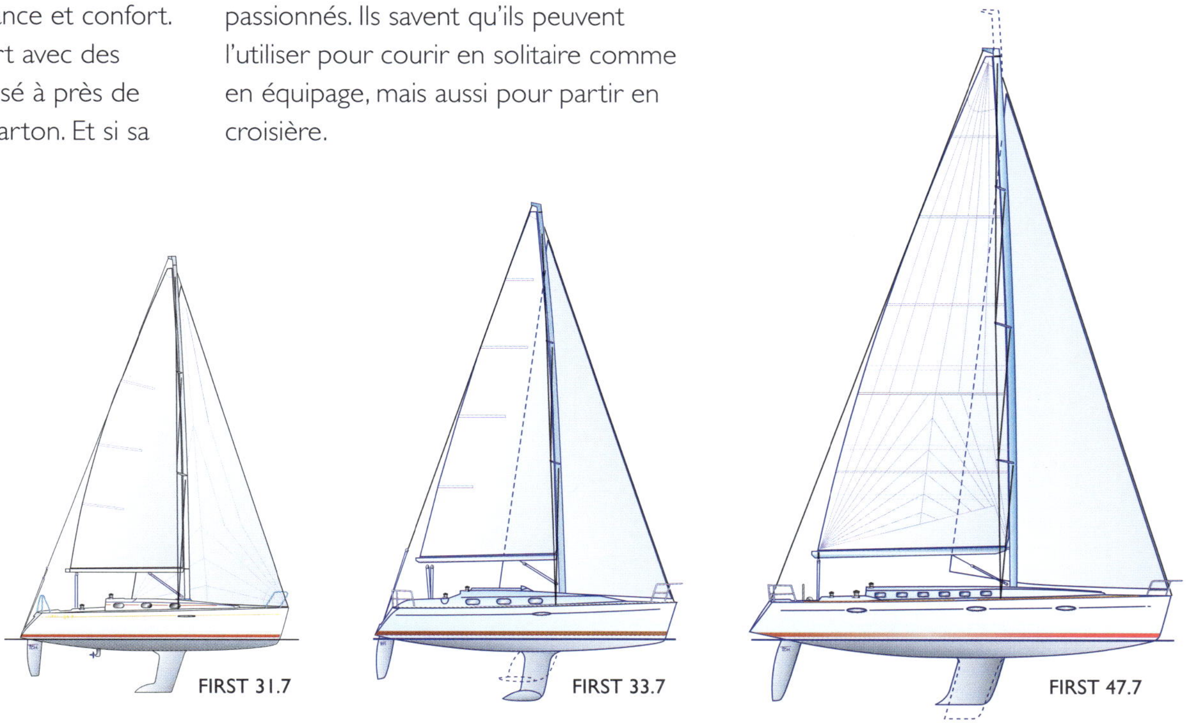

Le First 31.7 reste un support de régate très actif partout en France et ces bateaux sont amoureusement entretenus par leurs propriétaires pour rester compétitifs.

Le First 44.7 « Courrier du cœur » est considéré par Gery Trentesaux comme « le meilleur First qu'il ait jamais mené ». En tout cas, certainement l'un des plus titrés. Le skipper nordiste a gagné à son bord pratiquement toutes les courses auxquelles il a participé en 2007.

venaient seconder Pierre Follenfant sur une Semaine de La Rochelle ou un Spi Ouest-France ne sont peut-être plus aussi disponibles. C'est dans ce contexte qu'Éric Ingouf s'approche de Géry Trentesaux, le Français qui a le plus beau palmarès dans les courses du Royal Ocean Racing Club en général et dans le Fastnet en particulier qu'il pratique depuis les années 1970 (il avait 14 ans à l'époque !). Leur collaboration commence en 2006 avec *Courrier du cœur,* un First 44.7. « À la fin de la saison 2005, Éric Ingouf est venu me voir pour me proposer de me prêter un bateau. À moi de recruter un équipage et de le faire marcher. J'ai demandé que le bateau soit équipé d'un mât Hall Spar et nous nous sommes un peu brouillés avec Bruce Farr, l'architecte, parce qu'il avait dessiné une quille à bulbe et que nous voulions vraiment une quille droite, qui a moins de traînée. Nous avons aussi modifié le plan de voilure en adoptant des génois plus petits. Un jour, nous avions préparé le solent (un petit génois, ndlr) et quand le vent est tombé nous n'avions plus le temps de le changer : on s'est aperçu que l'on marchait aussi bien en étant moins taxés ! » Avec ce bateau, Géry Trentesaux fait une année 2007 formidable en gagnant pratiquement toutes les courses auxquelles il participe, du Spi Ouest-France au Fastnet en passant par le championnat du RORC. Il enchaînera en 2008 avec un First 45 dessiné par Philippe Briand qui s'impose avec autant de facilité au Spi Ouest-France ou aux Scottish series. Et il ira se frotter à

Sydney Hobart, la grande classique des antipodes, qu'il ne terminera malheureusement que 5e à cause de voiles explosées. Puis ce sera le tour de Courrier Zen, un First 40 qui remporte aussi le Spi Ouest-France (en 2010). Encore une fois, la confrontation sur l'eau permet de mettre en valeur la qualité des voiliers fabriqués par le chantier BENETEAU, mais au moins autant d'améliorer et de perfectionner les First pour qu'ils continuent d'offrir les meilleures performances.

ÉRIC INGOUF
L'ORFÈVRE DES FIRST

Pendant plusieurs dizaines d'années, Éric Ingouf a été responsable du développement des First au chantier BENETEAU.

Il a appris la course au large en compagnie d'Éric Duchemin en disputant les classiques courses du RORC entre France et Angleterre et a commencé à travailler avec lui chez ISOMAT avant de rejoindre BENETEAU, dont il était l'un des fournisseurs. Il a en charge le suivi des bateaux de course, en commençant par les First Evolution qui vont disputer (et gagner) la Half Ton Cup. Assurant à la fois la relation avec les architectes, le suivi de la construction et la fonction d'équipier préparateur les week-ends, il connaît tous les First sur le bout des doigts. Il accompagne ses bébés en régate et engrange une énorme expérience. Et derrière les victoires en régates des bateaux maisons, qu'ils soient de série ou prototypes, il y avait toujours un peu de lui, même s'il ne pouvait toujours être à bord. Il entretenait une relation forte et parfois passionnée avec les figaristes, ayant suivi la conception et la fabrication de trois générations de monotypes. Il accompagnait la course à bord d'un grand First lors des premières éditions courues sur les Figaro solo. On l'écoutait avec d'autant plus d'attention que ce n'était pas un grand bavard et s'il avait souvent la tentation de « laisser les coureurs se débrouiller », il n'était jamais le dernier pour filer un coup de main à qui en avait besoin. Et il pouvait à juste titre être fier des titres mondiaux remportés par les Mumm 36 qu'il avait construits comme de l'incroyable réussite des monotypes Figaro, pourtant menés avec une intensité difficile à imaginer.

6

LES MEILLEURS ENNEMIS

Deux Sélections au passage de la Vieille, marque de parcours d'un Spi Ouest-France en baie de Quiberon. Ces bateaux ont été dessinés pour servir de support au Tour de France à la Voile entre 1984 et 1991.

Un concurrent très proche

Dès la sortie du First 30 et jusqu'au milieu des années 1990, sur l'eau comme dans les Salons nautiques, le principal concurrent de BENETEAU s'appelle JEANNEAU. Situation géographique différente, le siège de JEANNEAU se trouve aux Herbiers, dans le cœur du bocage vendéen, alors que BENETEAU est depuis son origine basé à Saint-Gilles-Croix-de-Vie, sur le littoral. Histoire différente surtout, là où BENETEAU est lié au monde des travailleurs de la mer, JEANNEAU est né avec la plaisance, en 1957, en proposant des bateaux de loisir. Henri Jeanneau a démarré son entreprise en construisant des vedettes à moteur pour s'amuser sur des plans d'eau abrités, pas des chaloupes à voile pour braver le large. *A priori* tout sépare les deux entreprises.

JEANNEAU

Les Jeanneau One Design 35, dessinés par Daniel Andrieu, ont pris la relève du Sélection sur le Tour de France à la Voile entre 1992 et 1998.

A priori seulement, car toutes les deux sont vendéennes et ont pris le virage de la construction en polyester au début des années 1960, et depuis que BENETEAU a lancé sa gamme des First, elles se disputent un même marché. Le constructeur des Herbiers, qui a sorti son premier voilier en 1964, a eu le temps de prendre de l'avance surtout grâce au succès du Sangria lancé en 1970 et qui sera produit à plus de 2 000 exemplaires. Quand le premier First est présenté au Salon nautique en janvier 1977, la gamme JEANNEAU compte déjà 8 voiliers de 6 m (le *Flirt*) à 11,40 m (le *Gin-Fizz*) en passant par le *Love Love*, le *Sangria* l'*Aquila*, le *Brin de folie* et le *Melody*. Les deux entreprises vont très vite se trouver en concurrence, à croire qu'elles sont animées par la même soif de compétition. Ce n'est peut-être pas un hasard si François Chalain, qui se fait le chantre du développement de BENETEAU par le biais de la course, est un transfuge du chantier JEANNEAU où il avait accompagné la naissance du *Sangria* et conçu le *Love Love*.

Plusieurs gréements ont été comparés avant de lancer le JOD 35. Ici un gréement 7/8e à bastaque auquel a été préféré une solution moins extrême.

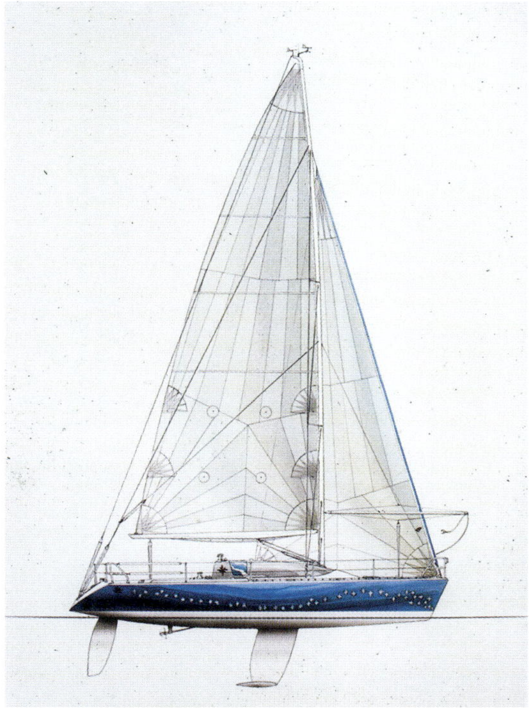

La réponse du berger à la bergère

L'arrivée du First et ses bons résultats bousculent forcément le chantier des Herbiers qui réplique en lançant en 1979 le Rush, lui aussi un voilier directement issu de la régate et qui va pouvoir s'aligner au départ de la Course de l'Aurore au moment où elle devient la Solitaire du Figaro. C'est ce voilier, avec un gréement sur-vitaminé, qui prend le relais du First 30 comme bateau officiel du Tour de France à la voile en 1982. Au *Rush Royale* succède le *Sélection*, à partir de 1984, inspiré du bateau *Diva* qui avait été le meilleur sur l'Admiral's Cup de 1983. Puis en 1991, c'est le JOD 35 qui devient le bateau du Tour de France, JEANNEAU avait mis à l'eau trois bateaux de présérie, dont deux avec des gréements différents avant d'arrêter le modèle définitif.

Deux ans après le lancement du First par BENETEAU, le chantier JEANNEAU propose le Rush avec une version régate qui succédera en 1982 au First 30 pour disputer le Tour de France à la Voile.

Sun Fast 52 en régate.
Ce très élégant plan Briand était la réponse de JEANNEAU au First 53f5 de BENETEAU : quel match !

La construction de Fleury Michon VII, maxi catamaran de 25 m avec lequel Philippe Poupon remporte la Route de La Découverte en 1984, a lancé le chantier JEANNEAU dans le grand bain du multicoque océanique.

Ce long compagnonnage n'était pas du goût de BENETEAU qui a cru pouvoir revenir dans le jeu à la faveur des déboires financiers du Tour de France à la Voile à la toute fin des années 1980, mais surtout en proposant des bateaux tout à fait adaptés à l'épreuve, comme les First Class 10 ou First Class Europe. Car dans le domaine des monotypes de régate, les deux maisons sont concurrentes. Mais si le match est plié du côté des grands monotypes en faveur de JEANNEAU qui équipe le Tour de France à la Voile, le Class 8 de BENETEAU a étouffé le Fun de son concurrent et ne sera pas non plus déstabilisé par la sortie du JOD 24. Dans le segment des courses-croisières aussi, les chantiers se rendent coup pour coup et les résultats du Spi Ouest-France sont regardés à la loupe comme pour savoir qui a droit à son inscription au tableau d'honneur. Une année le Sunshine prend le meilleur sur le First 35, une autre c'est le First 45f5 qui termine devant le Sun Magic 44. En 1991, le First 53f5 gagne sa classe, l'année d'après c'est le nouveau Sun Fast 52 qui lui passe devant. Mêmes escarmouches et même chassé-croisé avec les Sun Fast 36 et les First 35s7. Pour régater, vaut-il mieux investir dans un Sun Fast 32 ou dans un First 31.7 ? En tout cas, ces résultats sont suivis d'autant plus près au siège de BENETEAU que François Chalain, le directeur général, était souvent lui-même embarqué sur ces évènements, avec Éric Ingouf ou d'autres cadres comme Bertrand d'Enquin. Il se dit qu'une règle tacite interdisait de prononcer le nom de l'ennemi juré au siège de BENETEAU : y penser toujours, n'en parler jamais !

JEANNEAU présent sur les Transats

Les chantiers exploitent aussi à leur avantage les bateaux qui s'élancent dans les transats en double ou en solitaire. Même s'ils sont bien loin des premiers en temps réel, une victoire dans sa catégorie est toujours bonne à prendre et témoigne de l'excellence de la construction. Là encore, le chantier des Herbiers n'a pas attendu son concurrent pour se lancer dans le grand bain puisqu'Yves Oliveaux avait disputé la célèbre Transat anglaise de 1976 à la barre d'un Mélody. Deux ans plus tard, il prend le départ de la première Route du Rhum sur un Gin Fizz, mais un First 30 BENETEAU est aussi présent. Dans La Baule-Dakar en 1980, c'est un Sun Fizz qui termine premier des moins de 12 m. En 1981, un vrai match prend forme puisque chaque chantier arme

Dans la seconde moitié des années 1980, les régates de Formule 40, des multicoques de 12 m, ont permis aux chantiers de se confronter et d'expérimenter de nouvelles solutions. JEANNEAU y était particulièrement présent.

deux bateaux pour la Twostar, deux First 35 d'un côté et deux Sun Fizz de l'autre. Heureusement pour la paix des Vendéens, ils ne sont pas classés dans la même catégorie et les deux chantiers peuvent revendiquer la victoire !
Mais s'il est un domaine où le chantier JEANNEAU a pris un ascendant certain sur son voisin vendéen, c'est celui du multicoque. Le chantier des Herbiers a pris le virage en 1984, quand il a ouvert un atelier pour construire *Fleury-Michon VII*, un maxi-catamaran pour Philippe Poupon. Ce bateau dont la construction est supervisée par Jean-François de Prémorel (embauché pour l'occasion) va gagner dans la foulée la Route de La Découverte entre Cadix et Saint-Domingue (République dominicaine). Jeanneau Techniques Avancées est né et va occuper une place très importante chez JEANNEAU, à la fois comme laboratoire de recherche et dans le domaine de la course.
Au milieu des années 1980, une nouvelle classe de multicoque voit le jour : les Formule 40 sont des catamarans ou des trimarans dont la longueur est limitée à 12 m et qui s'affrontent lors de Grands Prix spectaculaires et de quelques parcours au large. En 1986, trois premiers catamarans dessinés par Nigel Irens sortent des ateliers de JTA. Ils seront menés par Philippe Poupon, Yvon Fauconnier et Yves Le Cornec. Cette période donne lieu à une véritable effervescence architecturale, cette taille permettant d'expérimenter des formules différentes, la question n'est plus seulement de choisir entre cata ou trimaran, mais aussi entre foiler et non-foiler. BENETEAU goûtera aussi du Class 40 avec un catamaran dessiné par Jean-Marie Finot. Celui barré par le champion américain Randy Smith se distingue par des safrans placés

La Route du Rhum 1990 marque la domination sans partage de Jeanneau Techniques Avancées sur la course au large avec trois trimarans aux trois premières places : **Groupe Pierre 1er, Fleury Michon** *et* **RMO.**

La victoire de Florence Arthaud dans la Route du Rhum 1990 a marqué l'histoire de la course au large.

sous l'avant des coques ! Un pari qui n'aura pas démontré son efficacité, se souvient Jean-Michel Crochet : « Avec Randy, nous prenions souvent des super départs, lancés à fond et en tête. Mais quand il fallait virer, le bateau s'arrêtait et nous perdions toute notre avance ! »

Carton plein sur la Route du Rhum

L'expérience est sans lendemain pour BENETEAU, mais pas pour JEANNEAU qui poursuit dans la construction de multicoques océaniques. Ce sera le *Fleury Michon VIII*, un trimaran de 23 m avec lequel Philippe Poupon remporte haut la main la Route du Rhum de 1986. Et quatre ans plus tard, c'est une véritable consécration avec la victoire de Florence Arthaud à la barre de *Pierre Ier* dans l'édition de 1990. Les trois marins sur le podium, Arthaud, Poupon et Bourgnon, étaient tous les trois aux commandes d'un trimaran construit par Jeanneau Techniques Avancées. Et les deux éditions suivantes seront gagnées par Laurent Bourgnon, toujours sur un trimaran JTA. Si l'on ajoute les victoires dans la Transat Jacques-Vabre (1993 et 1995) ou un triplé dans Québec-Saint-Malo (en 1992), on réalise à quel point la place de JEANNEAU était importante. Chez JTA, on a aussi fabriqué des bateaux pour disputer l'Admiral's Cup et même des bateaux à moteur en 1987 et 1988 pour disputer et gagner les 6 heures de Paris et les 24 heures de Rouen.
Grâce à JTA, le chantier JEANNEAU avait une véritable expertise en matière de composite, de construction sous vide (infusion), et de matériaux exotiques. Il n'est pas surprenant que le chantier ait proposé des bateaux avec des tissus de verre renforcés de kevlar sur leurs grandes unités. Normal que ce soient ces équipes de JTA qui aient construit les prototypes des One design 35 et One Design 24. Logique encore que ce soit à JTA que l'on passe commande d'un, puis de deux catamarans de croisière rapide. Et c'est ainsi que le Lagoon 55 est né. Une commande privée qui a décidé du lancement d'une série, puis d'une gamme. La construction de catamarans de croisière devait permettre de garder un rythme de travail constant entre un trimaran pour la Route du Rhum et un monocoque pour le Vendée Globe (le *Fleury-Michon XI* qui finira 3e en 1993). C'est ainsi que LAGOON est né de la course et a permis à JEANNEAU d'avoir une longueur d'avance sur son rival vendéen !

Le Sun Fast 3300 de JEANNEAU, lancé en 2019, ne fait aucune concession à la croisière. Il a été dessiné par Daniel Andrieux et Guillaume Verdier avec un seul objectif : gagner.

L'UNION DES VENDÉENS

La naissance d'un groupe

Le début des années 1990 est sévère pour l'industrie de la plaisance. À la crise économique apparue à la fin des années 1980 aux États-Unis s'ajoute la première guerre du Golfe qui a des répercussions immédiates sur l'économie mondiale. Certains sont mieux armés que d'autres pour résister et c'est le cas de BENETEAU qui a su garder un actionnariat familial et qui a vu assez tôt la crise arriver en raison de son implantation américaine. JEANNEAU est emporté par la tourmente et se trouve en redressement judiciaire à la fin de l'année 1995. C'est en reprenant JEANNEAU à la barre du tribunal de commerce entre Noël et le jour de l'An que BENETEAU est véritablement devenu le Groupe Beneteau.

Le First 35 « deuxième génération », en régate à Marseille. Sorti en 2009, le 35 a maintenu la présence de BENETEAU sur le marché des course-croisière mais a eu du mal à s'imposer face à des voiliers plus extrêmes.

Et pourtant l'affaire a bien failli ne pas se faire, les dirigeants de BENETEAU n'apprennent que sur le tard, au Salon nautique de Paris, que son concurrent historique allait changer de main. Un délai est demandé pour déposer un dossier de reprise, une offre est formulée à la hâte, mais avec l'appui des banques et à la surprise générale, c'est BENETEAU qui emporte l'affaire alors que les commentateurs la voyaient promise à Zodiac. Beaucoup pensent alors que BENETEAU vient de se débarrasser le plus sûrement possible d'un concurrent et que la marque JEANNEAU n'a pas forcément un grand avenir. Trente ans après, les faits ont donné raison aux discours de Madame Annette Roux et de Bruno Cathelinais, alors directeur général, qui annonçaient vouloir préserver l'identité des deux marques pour présenter l'offre la plus large possible, et préserver les réseaux de distribution. « Nous étions en pleine guerre commerciale avec JEANNEAU et du jour au lendemain, tout s'arrête, les livres de compte sont ouverts et nous nous sommes tous demandé comment cela allait se passer », se souvient Yves Mandin. « Avec le recul, on peut constater que les deux marques sont toujours là et qu'elles n'ont pas perdu leur ADN, il paraît même que cette intégration est un cas emblématique, étudié en école de commerce ! »

Un « loup déguisé en agneau » : le Sun Fast 37 reprend la carène et le pont du Sun Odyssey de même taille (11 m) mais gréement et appendices ont été revus pour la course.

Deux générations de Sun Fast

La conclusion est tirée par Madame Annette Roux : « Ils se sont retrouvés comme des cousins, entre Vendéens. On était en train de se tuer, c'était absurde ; il y avait les salariés, mais aussi les concessionnaires, les sous-traitants, les fournisseurs, l'amont, l'aval ; cela faisait beaucoup d'emplois. »
Le temps n'est plus pour JEANNEAU à la fabrication des multicoques océaniques, comme nous l'explique Marc Vaillier, à l'époque responsable des voiliers de course chez JEANNEAU : « Entre la construction de *Pierre Ier* qui a remporté le Rhum en 1990 et celle de *Fleury-Michon XI* deux ans plus tard, le bateau avait été allégé de 1,25 tonne. Cela demandait de nouveaux outils comme un four autoclave et JEANNEAU n'avait plus les moyens d'investir. Et par ailleurs nous étions très occupés par la construction des LAGOON. »
Après son intégration dans le Groupe Beneteau, JEANNEAU va continuer à produire des Sun Fast, mais il s'agira, selon l'expression de Marc Vaillier, « de loups déguisés en agneaux ». En effet, les Sun Fast 37, 40 et 43 reprennent la carène et les aménagements des Sun Odyssey, les purs croiseurs du Groupe, mais en modifiant le plan de pont, le gréement et les appendices. Une recette qui fonctionne bien si l'on s'en tient aux résultats enregistrés en régate. Car si les deux marques font bien partie du même Groupe, la compétition sur l'eau est toujours d'actualité. La lecture des résultats du Spi Ouest-France est savoureuse à cet égard : en 1997, le Sun Fast 32 bat le First 33.7, mais deux ans plus tard le First 31.7 termine devant le Sun Fast 32 alors que le Sun Fast 40, barré par Jimmy Pahun, prend le meilleur sur le First 40.7 mené par Pierre Follenfant. Et chaque marque s'emploie à convaincre ses clients que ses bateaux sont les plus performants.
Il faudra quelques années pour assister à une spécialisation plus poussée de chacune des entités. Dans un premier temps, les First restent sur leur créneau de la course-croisière qui réussit l'équation magique entre résultat sportif et confort en croisière, notamment avec les 31.7 et 40.7, sortis en 1998. Les Sun Fast sont des voiliers de croisière performants réalisés sur la base de purs croiseurs. Mais la fabrication de prototypes dédiés à la course n'est plus de saison.

Mené par Jimmy Pahun, un Sun Fast 43 remporte le Spi Ouest-France en 2001.

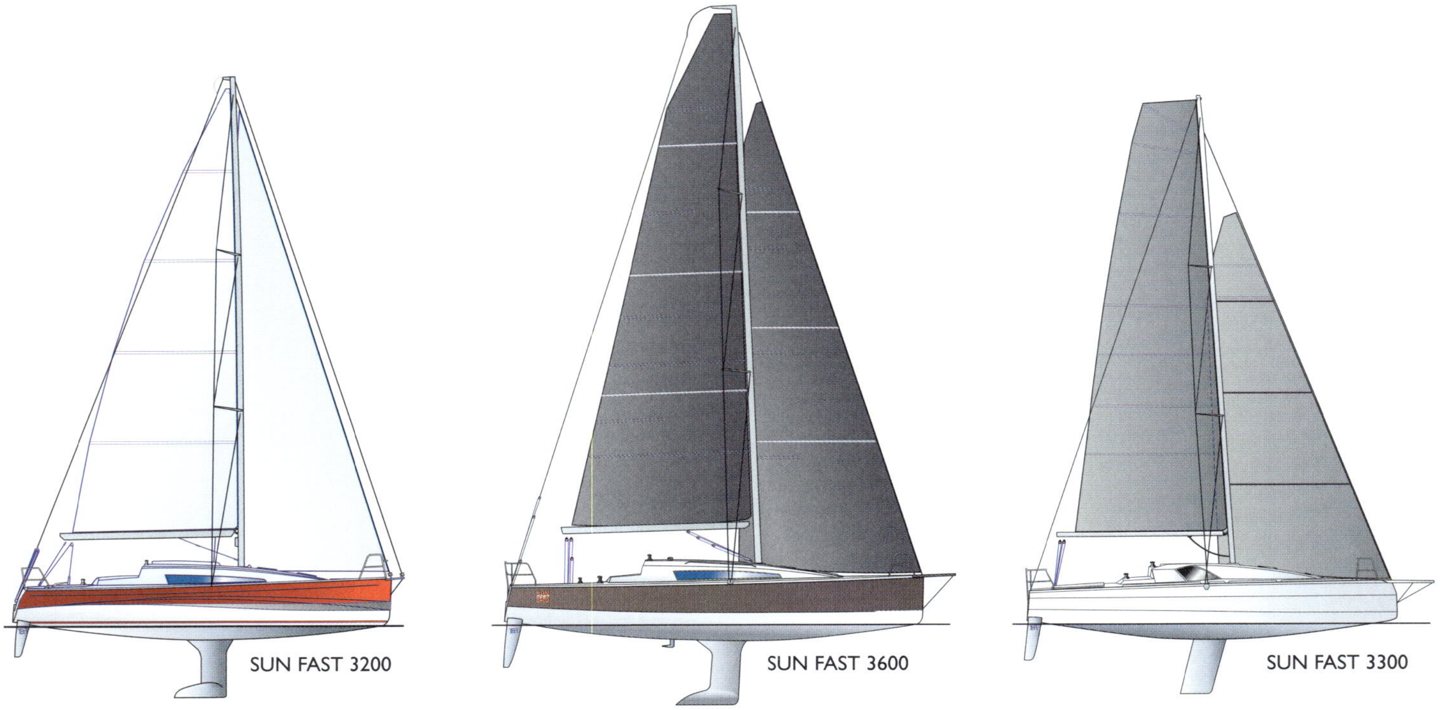

Sun Fast 3200, Sun Fast 3600 et Sun Fast 3300 : une gamme développée spécifiquement pour la régate qui devient une référence internationale.

Une exception tout de même, le mini-transat *Karen Liquid* dessiné et barré par son architecte, Sébastien Magnen. Construit chez JEANNEAU en utilisant la technique d'infusion dite « scrimp », il remporte deux fois la transatlantique (1997 et 1999). « C'est Sébastien qui l'a construit, nous l'avons accueilli et nous lui avons filé un coup de main à l'occasion », relativise Marc Vaillier. JEANNEAU va recommencer à fabriquer de purs voiliers de régate avec une nouvelle génération de Sun Fast, apparue en 2007. L'idée de départ était de proposer un bateau « Open » au moment où la Class40 puis la Class950 avaient l'ambition de démocratiser la course au large sur des voiliers aux carènes planantes seulement limités par leur longueur. Imaginé par Jean-François de Prémorel qui est aux commandes de JEANNEAU avec l'architecte Daniel Andrieu, le Sun Fast 3200 est un bateau qui semble tout entier conçu pour gagner la Transquadra, une course amateur en solitaire ou en double qui traverse l'Atlantique. Course à laquelle Jean-François de Prémorel a participé et qui connaît un bel engouement. « Dès le départ, nous savions que nous voulions le construire en infusion pour tenir le devis de poids », explique Marc Vaillier. C'est aussi pour rester le plus léger possible que le bateau est équipé de rangements en tissus. On peut ranger ses vêtements, mais sans alourdir le bateau avec des menuiseries. Le 3200 est un succès et accompagne le spectaculaire développement des courses en double. Suivra la sortie des Sun Fast 3600 et 3300, eux aussi validés par de bons résultats en course, et qui témoignent de la capacité du Groupe à répondre à une demande de voiliers très performants. Sur ce marché des voiliers IRC, les Sun Fast sont les plus vendus, en France non seulement, mais dans le monde entier. Cette expertise acquise sur les Sun Fast va être mise à profit pour construire la troisième génération de Figaro BENETEAU. Et pour fabriquer les 55 exemplaires nécessaires au changement de support sur la Solitaire du Figaro, le site historique de Jeanneau Techniques Avancées, à Cheviré, a été réactivé. Sur ce bateau, en plus de la contrainte d'intégrer des foils, le respect du devis de poids est poussé à l'extrême, monotypie oblige. C'est sur le même site que le Groupe Beneteau va expérimenter de nouveaux matériaux pour construire de nouveaux voiliers de course.

Dessiné par Daniel Andrieux à l'initiative de Jean-François de Prémorel, le Sun Fast 3200, lancé en 2007, a été tout spécialement conçu pour les courses en équipage réduit comme la Transquadra où il a fait mouche.

Le Sun Fast 3300, sorti en 2019, profite d'une diffusion internationale et de la vogue des courses disputées en double ou en solitaire. Ses victoires dans la Transquadra ou la Cap Martinique assoient encore un peu plus sa notoriété.

SUN FAST

« LE RÉGATIER VISIONNAIRE »

JEAN-FRANÇOIS DE PRÉMOREL

La fabrication des multicoques de Philippe Poupon, c'était lui. Les premiers Lagoon, c'était encore lui, les Sun Fast victorieux de la Transquadra, c'était lui aussi. Jean-François de Prémorel est indissociable de la présence en course au large du Groupe Beneteau. Mais il était beaucoup plus qu'un passionné de régate.

À la fois pionnier et visionnaire, il occupait une place rare dans l'industrie de la plaisance française. Le pionnier avait fait partie de ces Français qui étaient allés découvrir aux États-Unis les secrets des multicoques dessinés par Dick Newick ou Walter Greene, que Mike Birch menait à la victoire sur la Route du Rhum. Très tôt il a expérimenté les techniques de construction les plus pointues de son époque. Et, de retour en France, le voilà responsable de la construction de Gérard Lambert, un trimaran foiler très innovant pour Vincent Levy. Le bateau a été dessiné par Marc van Peteghem

En lançant le Sun Fast 3200, Jean-François de Prémorel a relancé la marque JEANNEAU dans la course au large. Une niche porteuse d'innovation.

Jean-François de Prémorel a été responsable de l'atelier Jeanneau Techniques Avancées qui a construit beaucoup de multicoques célèbres mais aussi des monocoques pour l'Admiral's Cup ou le Vendée Globe. On connait moins son travail au sein du Groupe Beneteau où il a développé de manière spectaculaire la gamme de vedettes à moteur Prestige.

et Vincent Lauriot-Prévost qui deviendront célèbres sous l'acronyme de VPLP. C'est fort de cette expérience que « Prémo » va rejoindre le département course du chantier JEANNEAU pour y construire un catamaran géant pour Philippe Poupon. C'est la naissance de Jeanneau Techniques Avancées. Jean-François de Prémorel s'y révèle entrepreneur, un meneur d'hommes respecté pour son engagement comme pour ses connaissances techniques.

C'est aussi un régatier qui est le premier à vérifier sur l'eau les performances des bateaux qu'il construit. S'il est à l'origine des Sun Fast 3200 (avec lequel il a couru la Transquadra) et des 3600 et 3300, il a eu au sein du Groupe Beneteau des responsabilités beaucoup plus larges. Le visionnaire a imaginé de grands voiliers luxueux et confortables dont le porte-étendard est le Sun Odyssey 54 DS qui installe durablement JEANNEAU sur le marché alors naissant des « yachts » de série. C'est aussi lui qui a développé la marque PRESTIGE. Ces vedettes à moteur se sont rapidement imposées sur un marché jusque-là dominé par les constructeurs italiens ou britanniques. Et aujourd'hui PRESTIGE est le leader mondial sur le marché des vedettes à moteur de 40 à 50 pieds. Une fois à la retraite, Jean-François de Prémorel avait continué à œuvrer comme consultant pour le Groupe Beneteau.

FIRST 44

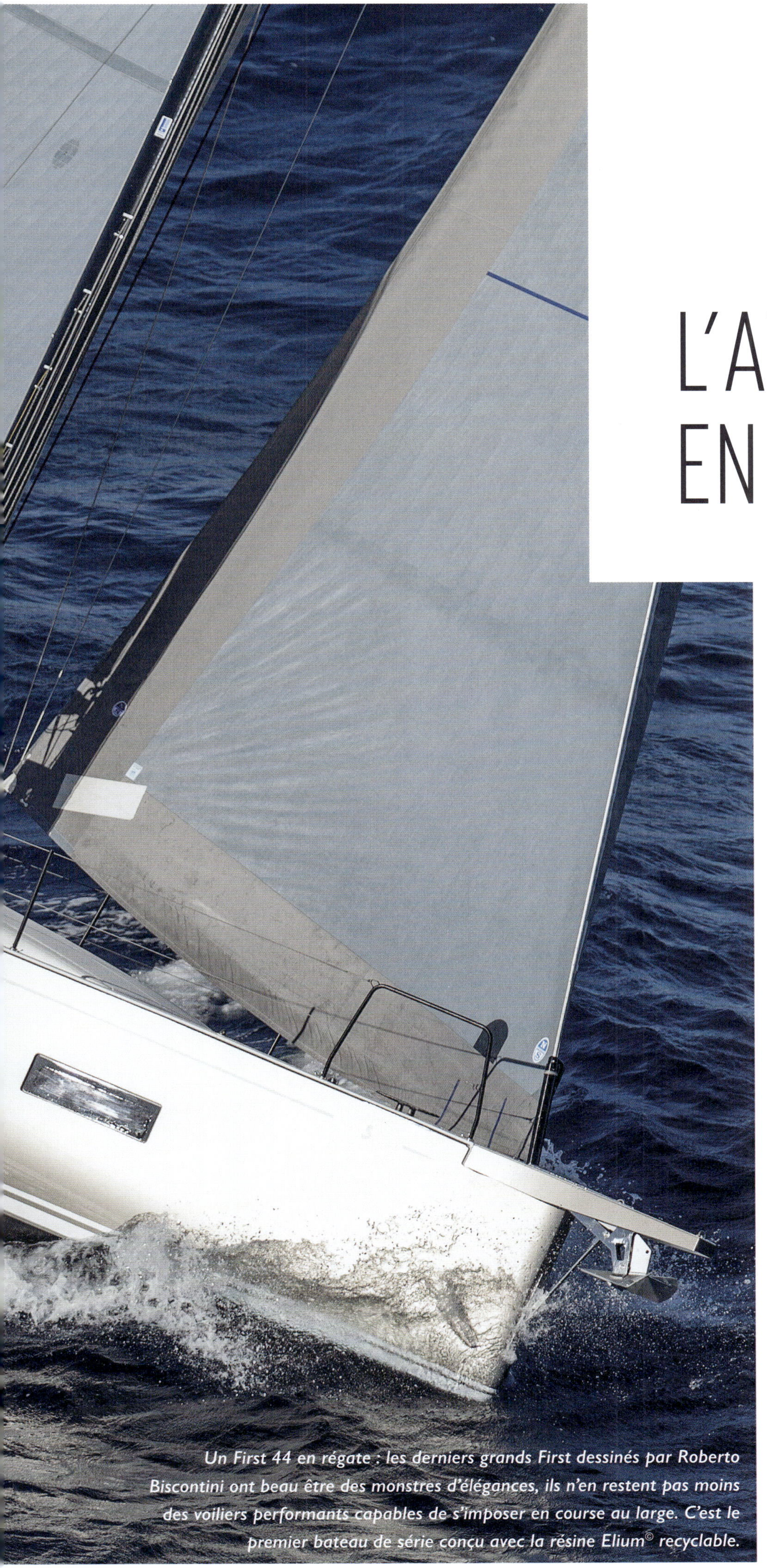

Un First 44 en régate : les derniers grands First dessinés par Roberto Biscontini ont beau être des monstres d'élégances, ils n'en restent pas moins des voiliers performants capables de s'imposer en course au large. C'est le premier bateau de série conçu avec la résine Elium© recyclable.

L'AVENIR EN FIRST

La course s'essouffle

Après la génération des First 7, les courses-croisières proposés par BENETEAU ont semblé marquer le pas sur le terrain de la course. Face à une concurrence proposant des bateaux plus chers et très pointus, le groupe vendéen a voulu rester fidèle à sa politique en proposant de beaux bateaux dessinés par les meilleurs architectes (c'est Bruce Farr Design qui a signé les First 35 et 40 qui ont remplacé les 40.7 et 36.7), mais restant abordables financièrement et toujours capables de faire de la croisière.

Le nouveau First 18 est un petit voilier de régate ou de camping côtier très amusant à mener et très rapide avec son spi asymétrique mais aussi facile à mettre en œuvre et à transporter grâce à une dérive qui s'escamote entièrement dans la coque.

Ces bateaux, très réussis sur le plan esthétique et qui ont obtenu quelques spectaculaires résultats en régate (nous pensons aux *Lady Courrier* et *Courrier Zen*, les First 45 et First 40 menés par Géry Trentesaux en 2008 et 2009), n'ont pas connu le même succès que leurs prédécesseurs. Les tentatives pour ignorer les contraintes de la jauge ont produit de très jolis bateaux : on pense au très élégant First 300 Spirit, au 27.7 ou au magnifique First 50. Mais faute de porter suffisamment d'attention aux chiffres magiques qui dictent les résultats en course, les propriétaires se détournaient de voiliers qui ne permettaient plus de rapporter des coupes à la maison. L'épisode du First 30 dessiné par Juan Kouyoumdjian, sorti en 2010, a semblé donner un coup d'arrêt à la gamme. Trop lourd pour bien figurer en régate, il n'a pas su prendre la relève du 31.7. Mais la volonté d'être toujours présent sur le marché du voilier sportif est toujours vivante à Saint-Gilles-Croix-de-Vie. Et une politique vigoureuse est mise en œuvre pour relancer la marque mythique.

L'heure de la relance

Un plan en trois volets est établi. Premièrement : investir dans le petit chantier slovène Seascape pour relancer les petits First en intégrant un 18 pieds (5,50 m), un 24 pieds (7 m) et un 27 pieds (8 m). Ces trois bateaux sportifs et transportables, dessinés par Sam Manuard donnent envie de naviguer et de régater. Le 24, très généreusement toilé, devient même un petit monotype de régate que l'on retrouve sur les lignes de départ du Spi Ouest-France. Deuxième volet, le chantier propose deux grands First chics et élégants : le First 53 (16 m) sorti en 2019, puis le First 44 (14,50 m) en 2022. Signés par les Italiens Roberto Biscontini et Lorenzo Argento, ils sont particulièrement racés et luxueux. Ce sont d'abord des croiseurs rapides avant d'être des bateaux de régate, mais ce sont quand même des First. Autrement dit, on peut régater avec succès. Pour preuve, Pierre Follenfant a mené avec le skipper/propriétaire Charles-Etienne Devanneaux, *Lenny*, un First 44 tout neuf sur la deuxième marche du podium dans la Transpac 2023, une course transpacifique entre Los Angeles et Hawaii. Mais il regrette d'avoir terminé derrière… un First 47.7 ! « Nous avons bien tiré notre épingle du jeu, mais nous

Pas le même style. D'un côté, les petits First comme le 27 (8 m), très légers et faciles à mener. De l'autre, les grands First 53 et 44, beaucoup plus cossus et confortables mais toujours performants.

Le très vivant First 24 à Newport (Rhode Island) lors de ses premiers bords aux États-Unis.

aurions pu gagner en soignant le rating du bateau », explique celui qui a disputé le premier Vendée Globe. Le troisième volet consiste à proposer entre les grands bateaux chics et les petits bateaux transportables des voiliers aussi rapides et amusants que les petits First, mais capables de belles croisières confortables comme les grands. Le First 36 (11 m), sorti en 2022, est le premier de cette nouvelle génération de course-croisière, une véritable bombe sur l'eau capable de planer très facilement à l'image des bateaux open de course au large. Sam Manuard, qui est déjà le talentueux architecte des petits First, propose avec le 36 un voilier très séduisant et déjà multiprimé (European Yacht of the Year, voilier de l'année…) : « On m'a demandé de dessiner un bateau rapide, un bateau à sensation, capable de planer facilement, mais aussi un bateau qui soit capable de faire de la croisière avec un minimum de confort. Ça reste un bateau de grande série avec des emménagements confortables même si nous avons beaucoup soigné le devis de poids. »

Le résultat obtenu avec l'aide du cabinet d'ingénierie PURE est impressionnant. « J'ai fait la course du Fastnet avec une météo difficile et dans ces conditions on voit que c'est un bateau hyper bien construit, un bateau très sain. Il ne grince pas, il ne se déforme pas […], il passe bien la mer au près dans le gros temps, et il est fidèle à l'héritage First en étant un bateau très marin. »

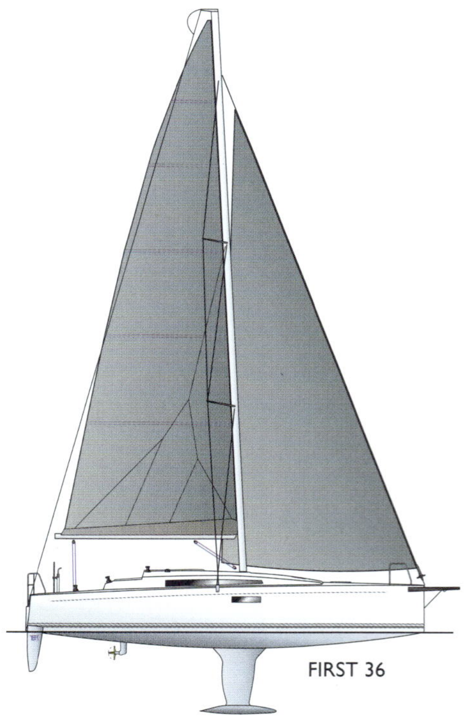

Le First 36 ne cache pas ses ambitions sportives mais il offre aussi un étonnant volume intérieur.

La carène du First 36 lui permet de planer au portant dans la brise. Ici surpris en flagrant excès de vitesse au large de la Slovénie.

La taille des outillages, ici un moule utilisé dans la construction d'un Lagoon, implique une mécanique de précision pour basculer la pièce.

Nouveaux matériaux, nouvelle propulsion

Ne reste plus qu'à sortir un nouveau First 30 pour combler le trou entre le 27 et le 36 et renouer plus encore avec l'histoire de la marque. Ça ne devrait plus tarder, Sam Manuard a déjà tracé les plans du bateau : « Ce sera toujours un croiseur rapide et il devrait pouvoir défendre ses chances en régate, comme le premier First 30. » Mais l'avenir ne se résume pas à de nouveaux dessins. Les bons résultats que l'on cherche à mettre en exergue aujourd'hui ne sont pas que des places sur les podiums, mais aussi des critères de durabilité, de réduction de l'empreinte carbone et de recyclabilité. Une autre course sans doute, mais qu'il est encore plus important de gagner. Dans cette optique, le Groupe Beneteau travaille sur de nouveaux matériaux, sur de nouvelles conceptions susceptibles de marquer des progrès dans ce domaine. C'est un First 44, exposé au Salon de Paris en 2022, qui a permis de présenter les différents axes de travail : la propulsion électrique avec la présence de deux moteurs en arrière de la quille, le revêtement du pont avec un lamellé-collé d'iroko issu de forêt à la gestion certifiée mais surtout une coque réalisée dans un nouveau matériau qui permet la déconstruction en fin de vie. Cette résine baptisée Elium© est d'abord utilisée pour produire un nouveau monotype de régate : le Sun Fast 30 OD.

Pose d'un pont en iroko tranché, un bois certifié issu de forêts exploitées de manière durable et qui ne participe pas à la déforestation.

Avec la construction en infusion, l'ensemble des tissus de verre est mis en place, à sec, avant la stratification.

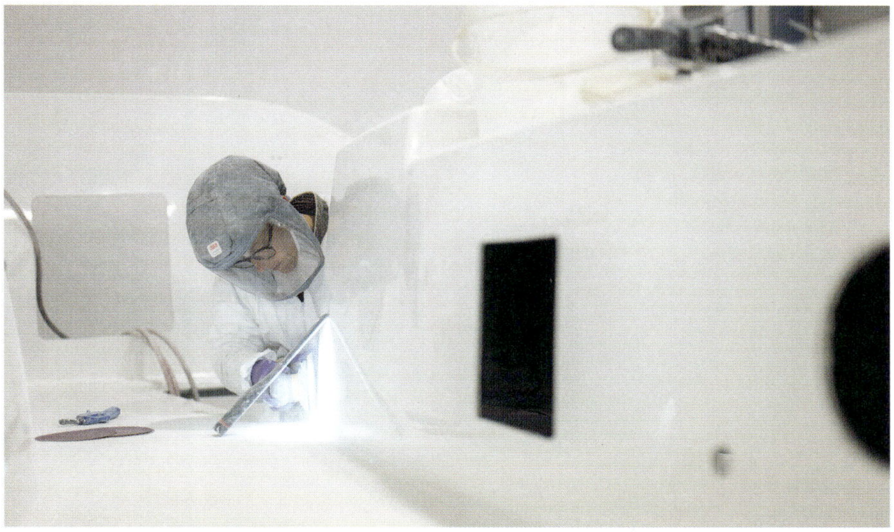

Polyester ou Elium©, l'exigence d'une finition parfaite reste la même pour le gelcoat de surface.

Dessiné par le cabinet VPLP (comme le Figaro 3), le Sun Fast 30 OD est destiné à un équipage de quatre à cinq personnes.

Des nouveaux matériaux plus durables

Ce nouveau bateau sert de support au premier championnat du monde de course au large en double. Autant dire qu'il ne sera pas ménagé par ses équipages. Et c'est sans doute pour cette raison que le Groupe Beneteau a choisi un bateau de course pour lancer la première construction en série d'un bateau en Elium©. La nouvelle résine doit aussi faire la preuve sur l'eau de ses qualités. Erwan Faoucher, le directeur métier et innovation du Groupe Beneteau, n'est pas inquiet de la solidité de ce nouveau composite : « Les propriétés mécaniques sont les mêmes que pour le polyester, avec même un petit plus en termes de cisaillement. Nous avons maintenant plusieurs années de tests derrière nous et nous sommes confiants. » Le Sun 30 OD est construit à Chevire dans les anciens ateliers Techniques Avancées de JEANNEAU. C'est là aussi qu'ont été construits les Figaro 3. Le site sert de laboratoire de production pour tester les nouvelles techniques avant de les transférer dans les autres sites du Groupe.

Selon Marc Vaillier, responsable du site, cette nouvelle résine n'est pas plus difficile à travailler que le polyester : « Il faut la travailler pour l'appréhender, elle a la particularité d'être en trois composants, on les mélange au dernier moment en ajoutant le catalyseur, ça fait des outils particuliers et comme tous nouveaux outils, on demande à les connaître avant de mettre en production. Une fois que le labo a validé le matériau, nous avons d'abord utilisé des moules de mini-transat pour faire trois expérimentations. Ça s'est bien passé, nous n'avons pas eu de problème et maintenant nous produisons le Sun Fast 30 OD à raison d'un bateau par semaine. »

« Nous sommes convaincus que la construction des navires de plaisance se fera avec ces nouveaux matériaux, et nous commençons à les utiliser sur nos plus grands Océanis, nous indique Erwan Faoucher, mais bien sûr, nous allons être très attentifs aux retours des coureurs après la première saison de régate. » La course sert ici à la fois de démonstrateur et de banc d'essai. Ce n'est pas tout à fait nouveau chez BENETEAU ; si l'on s'en souvient bien, c'était déjà la démarche avec le premier First 30 sorti en 1977. Comme aimait à le dire François Chalain à l'époque : « Il n'y a qu'une seule façon de progresser, la compétition ! »

Crédits photographiques

Pages 2-3 : Julien Gazeau.
Page 5 (haut et bas) : François Chevalier.
Pages 6-7 : Gérard Beauvais.
Page 8 : Gérard Beauvais.
Page 9 : Voiles et Voiliers.
Pages 10-11 : Sébastien Mainguet.
Page 12 (haut) : Fondation d'entreprise Bénéteau.
Page 12 (bas) : François Chevalier.
Page 13 (haut gauche) : Loïc Madeline.
Page 13 (haut droit) : Fondation d'entreprise Bénéteau.
Page 13 (bas) : Voiles et Voiliers.
Pages 14-15 : Daniel Allisy.
Pages 16-17 : Voiles et Voiliers.
Page 18 (haut) : Fréderic Allain.
Page 18 (bas) : Voiles et Voiliers.
Page 19 (bas) : Droits réservés.
Pages 20-21 : Gilles Martin-Raget.
Page 22 : Gérard Beauvais.
Page 23 : Gilles Martin-Raget.
Page 24 (haut) : Voiles et Voiliers.
Page 24 (bas) : Fondation d'entreprise Bénéteau.
Page 25 : Gilles Martin-Raget.
Page 26 (haut) : Franco Pacé.
Page 26 (bas) : Gérard Beauvais.
Page 27 : Gilles Martin-Raget.
Page 28 : Philip Plisson.
Page 29 : archives Bruno Troublé.
Pages 30-31 : Gilles Martin-Raget.
Pages 32-33 : Gilles Martin-Raget.
Page 34 : Benoît Stichelbaut.
Page 35 : fondation d'entreprise Bénéteau.
Page 36 (haut) : Voiles et Voiliers.
Page 37 (haut) : Gérard Beauvais.
Page 37 (bas) : François Chevalier.
Page 38 : Gilles Martin-Raget.
Page 39 : Gérard Beauvais.
Page 40 : Gilles Martin-Raget.
Page 41 : fondation d'entreprise Bénéteau.
Pages 42-43 : Gérard Beauvais.
Page 44 (haut) : fondation d'entreprise Bénéteau.
Page 44 (bas) : Voiles et Voiliers.
Page 45 (haut et bas) : Gérard Beauvais.
Page 46 (haut) : Voiles et Voiliers.
Page 46 (bas gauche) : fondation d'entreprise Bénéteau.
Page 46 (bas droit) : François Chevalier.
Page 47 (haut) : Gilles Martin-Raget.
Page 47 (bas) : Voiles et Voiliers.
Pages 48-49 : Gilles Martin-Raget.
Page 50 : Benoît Stichelbaut.
Page 51 (haut) : François Chevalier.
Page 51 (bas) : Pressesports / CLEMENT.
Page 52 : Jean-Marie Liot.
Page 53 : François Chevalier.
Page 54 : Alexis Courcoux.
Page 55 : Loïc Madeline.
Pages 56-57 : Gilles Martin Raget.
Page 58 : Voiles et Voiliers.
Page 59 : Gérard Beauvais.
Page 60 : Gilles Martin-Raget.
Page 61 : Gilles Martin-Raget.
Pages 62-63 : Gilles Martin-Raget.
Page 64 (haut) : François Chevalier.
Page 64 (bas) : Loïc Madeline.
Page 65 (haut) : Gilles Martin-Raget.
Page 65 (bas) : Jean-Marie Liot.
Page 66 : Loïc Madeline.
Page 67 (haut) : François Chevalier.
Page 67 (bas) : Loïc Madeline.
Page 68 : Jean-Marie Liot.
Page 69 : Didier Ravon.
Pages 70-71 : Didier Ravon.
Page 72 : Jacques Vapillon.
Page 73 : Gilles Martin-Raget.
Page 74 : Philip Plisson.
Page 75 : archives Jeanneau.
Page 76 (haut) : Jacques Alain Raynaud.
Page 76 (bas) : archives Jeanneau.
Page 77 (haut) : archives Jeanneau.
Pages 78-79 : Jean-Marie Liot.
Page 80 (haut) : Gilles Martin-Raget.
Page 80 (bas) : Jean-Marie Liot.
Page 81 : Jean-Marie Liot.
Page 82 (haut) : François Chevalier.
Page 82 (bas) : Jean-Marie Liot.
Pages 83-84 : Billy Black.
Page 86 : Jean-Marie Liot.
Page 87 : Jean-Marie Liot.
Pages 88-89 : Gilles Martin-Raget.
Page 90 : Jean-Baptiste d'Enquin.
Page 91 (haut) : Loïc Madeline.
Page 91 (bas) : François Chevalier.
Page 92 (haut) : Loïc Madeline.
Page 92 (bas) : François Chevalier.
Page 93 : Loïc Madeline.
Page 94 (haut et bas) : Julien Gazeau.
Page 94 (haut et milieu) : Julien Gazeau.
Page 95 (bas) : François Chevalier.

Réalisé par Edilarge SA
Directeur Vincent Lorant
Éditeur Jérôme Le Bihan
Coordination éditoriale Enéa Bahier
Conception graphique Studio graphique des Éditions Ouest-France
Mise en page Philippe Laborde
Photogravure Graph&ti, Cesson-Sévigné (35)

Directeur : Stéphane Baranger
Rédacteur en chef : Adrien Cadot

ISBN 978-2-3814-7053-5
N° d'éditeur V0069.01.3,3.10.24
Cet ouvrage a été imprimé par SEPEC, Péronnas (01) - 08311240620
Dépôt légal : octobre 2024
Imprimé en France